질병의 사회사

동아시아 의학의 재발견

차례

C o n t e n t s

동아시아 근대세계에서 질병이 왜 중요한가

동아시아 근대세계와 전염병

질병의 역사는 인류문명의 역사와 비교될 만하다. 인류는 질병과 함께했고, 질병의 고통을 극복하는 것이야말로 인류사회의 보편적 열망이었기에, 질병에 대한 이해 없이 인류문명을 이해하는 것은 불가능하다. 수많은 질병 중에서도 우리는 전염병에 주목하게 된다. 전염병은 치사율로만 보아도 엄청난 파괴력을 보이기 때문이다. 인류 역사상 최소 2,000만 명 이상이 사망한 것으로 평가되는 4대 전염병 사건으로 다음과 같은 것이 있다.

첫째는 1348~1361년 사이에 발생한 중세기의 흑사병인 페스트이다. 페스트는 당시 유럽인구 중 2,400만 명을 죽음에 이르게 하였는데, 이는 중세사회의 몰락을 재촉하였고, 이로 인한 유럽사회의 노동력 감소는 새로운 노동력을 찾기 위한 식민지 건설 및 제국주의 팽창의 계기가 되었다.

둘째는 1520년 스페인함대가 신대륙에 전파한 두창(천연두)이다. 코르테스Hernan Cortes(1485~1547)가 이끄는 600명의 스페인군대가 가져온 두창은 2,000만 명에 이르는 신대륙인들을 사망케 하였고, 결국 아스테카 문명 자체가 소멸하고 아메리카에 식민지배가 뿌리내리는 계기가 되었다.[1]

셋째는 1918~1919년 미국에서 시작되어 유럽 및 동아시아 등 전 세계로 확산된 스페인독감(조류독감)이다. 논자에 따라 최소 2,000만 명에서 4,000만 명이 사망한 것으로 논의되고 있다. 당시 일본에서는 2,100만 명이 감염되고, 26만 명이 사망했으며, 우리나라에서도 740만 명이 감염되고, 14만 명이 사망한 것으로 알려져 있다.

넷째는 1981년 환자발생이 처음 보고된 이래, 현재까지 최소 2,500만 명 이상이 사망한 것으로 추정되는 에이즈AIDS이다. 최근 들어 아시아 지역에서 에이즈가 급속히 확산되고 있고, 매년 50만 명 이상이 사망하는 것으로 알려져 있다.

전염병이 근대세계에 끼친 역설적 면모는 엄청난 인명을 앗아갔다는 파괴적인 면보다도 인구관리를 위한 체계적 국가경영의 필요성을 인식시켰다는 건설적인 면일 것이다. 특히 서양의 이러한 역사적 경험은 전염병에 대항할 방역시스템의 필요성을 제기하였고, 이는 강력하고 체계적인 근대국가 성립의 정당성을 강화시켜 주는 계기가 되었다.

　그렇다면 우리가 살고 있는 한·중·일 동아시아 삼국의 근대세계에서 어떤 질병이 어느 정도로 유행했고, 각국은 전염병에 어떻게 대처했을까? 이 문제에 답하는 것이 이 책의 기본 목표이다. 이러한 목표에 도달하기 위해서는 질병의 본질과 생태에 대한 생물학적 분석이 선행되어야 한다. 질병의 유행과 이에 대한 인간사회의 대처에 앞서 질병을 일으키는 병원체 자체가 어떻게 진화해 나갔는지가 규명되어야 하기 때문이다. 이에 관해서는 윌리엄 맥닐(1917~　)이 이미 '미시기생(micro-parasitism)'과 '거시기생(macro-parasitism)'이라는 가설을 제시한 바 있다. 그에 의하면, 병원체는 인간을 숙주로 미시기생하고, 인간은 동물 혹은 다른 인간집단과 지배와 피지배관계를 형성하면서 거시기생 관계를 형성한다. 미시기생체와 거시기생체는 숙주를 파멸시켜 자신까지 파멸에 이르게도 하며, 병원체의 잠복 및 보균, 인간의 잉여생산물의 생산을 통해 생태적 균형을 유지하기도 한다. 미시기생 관계에서 균형을 이룰 때 문명이 탄생하고, 전쟁과 약탈 등을 통해 거시기생 관계에서 균형이 깨질 때 역병이 유행하게 된다.[2]

　이 가설로 유럽에서 페스트의 유행과 신대륙에서 두창의 유행은 몽고군의 침략과 스페인 군대의 식민지 침탈이 직접적 원인이었음을 설명할 수 있다. 그러나 이러한 설명방식은 거시기생 관계에서 균형을 이루는 일상적 교역활동 수준에서 전염병이 창궐하고, 미시기생 관계에서 균형이 깨질 때 극적인 시스템이 구축되는 양상까지는 설명해 주지는 못한다. 말하자면 질병의 생태에 대한 생물학적인 관점을 보완하기 위해서는 역사적인 관점에 주의를 기울일 필요가 있다는 것이다.

그럴 경우 동아시아의 근대세계와 근대국가가 언제 형성되었는지는 매우 중요한 문제이다. 어떤 시기를 분기점으로 삼느냐에 따라 역사상이 크게 달라지기 때문이다. 필자는 동아시아에서 근대세계가 형성되는 시기로 16세기 후반 이후를 주목한다. 1368년 명조의 개창 이래, 중국은 민간의 해상무역을 금지하는 해금海禁을 실시하여, 민간무역을 금지하고 전통적인 조공무역으로 일원화하는 엄격한 조치를 취한 바 있다. 그런데 15세기 중반 이후 중국이 은 본위 경제로 재편되면서 은의 수요가 급증하자, 조선과 일본에서도 은을 매개로 한 밀무역과 사무역이 성행하게 된다. 결국 명조는 1567년경 해금을 완화하여 민간무역을 허락하는 정책전환을 단행하였다.[3]

16세기 후반 해금의 완화는 공식적인 조공무역 이외에 새로운 형태의 민간 무역질서, 즉 조선을 중심으로 한 중개무역이 등장하는 계기였다. 또한 이 시기에 동아시아는 독자적인 지역질서를 형성함과 동시에 무역활동을 통해 유럽세계와도 일정한 관계를 맺기 시작한다. 이러한 관계가 확장되면서 19세기 이후로 동아시아 각국은 서양각국과 직접적으로 대면하게 되었고, 그 과정에서 겪게 된 전쟁·혁명·무역·방역 등을 통해 근대국가의 필요성을 절감하고 근대국가 건설에 박차를 가하게 된다. 이 시기에 주목할 점은 동아시아에서 전염병의 확산이 이전과는 확연히 다른 양상을 보였다는 점이다. 철도·도로 등 교통의 발달은 전염병 발생주기를 짧게 했으며, 그 빈도를 증가시켰다. 상·하수도 및 도시 인프라의 구축 역시 병원체의 확산통로로 기능할 수 있었다. 자본주의 세계체제의 확산으로 동아시아에서 경제성장에도 불구하고, 하층노동자의 생활수준과 도시위생조건 등은 더욱 악화되었다. 전염병의 시각에서 보자면, 전염병이 확산되고 지역적 동질성이 강화될 수 있는 최적의 조건이 갖추어진 셈이다.

동아시아 근대국가의 방역시스템을 점검하려 할 때 우리가 한 가지 조심해야 할 것은, '낙후된' 중국과 조선의 전통적 방역대책은 무능했을 것이고 '선진적' 제국주의 각국과 '근대화된' 식민지의 방역대책은 효율적이었을 것이라는 선입견이다. 차차 살펴보겠지만 서구화된 방역대책은 동아시아에서 그다지 성공적이지 못했다. 따라서 각국의 역사적 경험 속에서 다양하게 구축된 방역시스템이 서구의 기준에 의해서만 평가되는 것은 공정치 않다. 서구 중심의 결과론적 평가를 지양하기 위해서는 동아시아 각국이 어떠한 방역시스템을 구축하여 근대세계에서 경쟁력을 가지려고 했는지에 초점을 맞추어야 한다. 특히 동아시아 근대세계에서 전염병이 가지는 특징들에 주목하여 동아시아 근대문명과 전염병의 관계가 해명될 필요가 있다.

첫째, 동아시아 근대세계에서 전염병은 전 세계적인 전파과정과 동아시아 지역 내부의 전파과정을 동시에 보여준다. 특히 한·중·일 삼국은 역사적으로 지역적으로 긴밀하게 연계되어 있었는데, 근대에는 인구의 유동과 산물의 이동이 더욱 활발해진다. 따라서 전염병의 전파경로 역시 일방적이기보다는 상호적이며 순환적이었다. 전염병의 전파경로를 살펴볼 때, 전 세계적 경로와 동아시아적 경로 모두를 주시해야 하는 까닭이 여기에 있다.

둘째, 자본의 흐름이 제국과 식민지 사이에서 일방적 착취와 피착취의 관계를 명확히 보여주는 것과는 달리, 전염병의 전파경로는 각국 사이의 상호 동등한 관계를 확인시켜 준다. 물론 전염병을 통제하는 과정에서 빈부의 차이, 주권의 문제, 제국주의 권력 등이 작용한다. 하지만 근대세계에서 예방백신 및 치료제 개발 등을 통한 효율적인 전염병통제는 제2차 세계대전 이후에나 가능했다는 점에 주목해야 한다. 이런 점에서 근대세계의 전염병은 기본적으로 각국 혹은 만인 앞에서 평등했다고 할 수 있다. 따라서 동아시아의 국가 혹은 지역사회가 어떠한 방역대책을 수립했는가는 동아시아의 근대적 방역체계의 효율성을 검토하기에 앞서 반드시 해명되어야 할 과제이다.

셋째, 교통수단 및 정보시스템의 발달이 질병의 전파속도에 영향을 주었다는 점이다. 증기기관 및 철도교통의 발달로 전염병의 발병주기는 물론 그 확산속도 역시 빨라지기 시작했다. 근대 이전에는 해상무역을 통해 연해 위주로 전염병이 전파되었지만, 근대세계에는 육로 및 철도교통이 발달하여 전염병이 내지 깊숙이 파고들기 시작했다. 이로 인해 각국은 국제적인 전염병 정보시스템을 구축하여 전염병에 효과적으로 대처하고자 하였다.

넷째, 전염병의 전파경로가 분명해지기 시작했다. 근대 이전의 전염병을 대할 때 서양의 질병사연구들은 대부분 전염병의 기원으로 아시아를 지목하고 있을 정도로 그 기원과 경로가 분명하게 밝혀진 경우는 매우 드물다. 따라서 전염병의 기원과 전파경로를 밝히는 것은 질병의 생태와 그에 대한 인간사회의 방역활동을 파악하는 데 도움이 된다. 더 나아가 동아시아 근대세계의 독자적인 질병 및 의료 연결망의 실체를 밝히는 데도 도움이 될 것이다.

이처럼 동아시아 근대세계에서 전염병을 검토하는 것은 동아시아 각국의 방역시스템뿐만 아니라 동아시아 근대세계의 독자적인 지역질서가 어떻게 형성되고 변모되었는지를 해명하는 데도 기여할 것이다.

동아시아론과 질병사

동아시아 근대세계를 보는 시각은 크게 유럽중심의 세계체제가 형성되는 과정(과 동아시아의 유럽 중심의 세계질서로의 편입)으로 보는 시각과 동아시아의 독자적인 지역질서가 형성되는 시각으로 나누어 볼 수 있다. 전자의 대표적인 연구가 월러스틴I. Wallerstein(1930~   )으로 대표되는 '세계체제론'이고,

후자의 대표적인 연구가 이른바 '동아시아론'이다.

최근 지역질서에 대한 관심이 커짐에 따라 동아시아의 독자적인 지역질서를 강조하는 동아시아론이 주목받고 있다. 동아시아 지역질서 안에서 누가 주도권을 행사해 왔고, 앞으로 누가 주도권을 행사하느냐의 여부는 동아시아 담론에서 핵심적인 쟁점 중의 하나이다.

그렇다면 동아시아의 지역질서와 동아시아에 관한 담론은 어떻게 형성·발전되었던 것일까? 동아시아를 대표하는 전통적인 지역질서는 중화질서 혹은 중화사상으로 표현되는데, 그 구체적인 실현형태는 책봉冊封과 조공무역체제朝貢貿易體制였다. 1894~1895년 청일전쟁을 기점으로 중국 중심의 질서는 해체되고, 근대국가의 동등한 주권이 중시되는 만국공법萬國公法4)질서로 변화되기 시작하였다.

청일전쟁과 러일전쟁을 통해 동아시아의 새로운 강자로 등장한 것은 일본이었다. 일찍이 일본은 서양의 위협에 직면하면서, 서양의 '오리엔트'에서 벗어남과 동시에 자신의 정체성과 우월성을 구축하기 위해 일본의 오리엔트를 창안할 필요성이 있었다. 이를 위해 중국에 관한 학문인 한학을 비판하고, '츄우고쿠(中國)'를 보다 중립적인 '시나(支那)'로 대체했으며, 시나에 관한 연구를 중심으로 '토오요오가쿠(東洋學)'를 성립시켰다.

제2차 세계대전 이후 동아시아 질서 속의 새로운 강자는 미국이었다. 미국은 냉전체제 성립 이후 군사정보기관인 OSS

(Office of Strategic Services: 전략정보국)를 통해 지역연구를 시작했고, 근대화모델로서 남한과 일본을 연구했다. 적대국인 소련과 중국에 대해서는 국제연구를 진행하였다. 이 과정에서 CIA와 FBI는 연구비의 조성과 선정에 개입하였고, 대학과 재단이 정부기관과 연계되기 시작했다. 학자들은 재정지원과 이념논쟁을 피하기 위해 권력과 유착되었다.5) 이런 연구 환경에서 미국의 동아시아론은 역사학과 지역학으로서 '근대화론' '충격과 반응 이론' 등이 주류적 인식으로 자리 잡게 되었다.

1960년대 일본에서는 미국제국주의에 대한 비판의식 속에서 새로운 동아시아론의 필요성이 제기되기 시작했다. 특히 사회주의 중국에 대한 기대감이 고개를 들기 시작했으나 문화대혁명과 동아시아의 경제성장 등에 힘입어 중국 중심의 동아시아론은 곧바로 사그라졌다. 오히려 1980년대 동아시아의 경제성장과 일본의 역할에 대한 문제의식 속에서 새로운 동아시아론이 등장하였는데, 그것이 바로 '아시아교역권론'이었다. 하마시타 다케시(浜下武志) 등이 주창하는 아시아교역권론은 동아시아 지역이 단순히 중국 중심의 일원적 조공관계가 아닌 중국을 중심으로 여러 국가가 경쟁적이며 유기적인 체제를 이루는 조공체제를 통해 복합적인 지역권을 형성하였다고 주장한다.6) 이를 통해 일본의 아시아교역권론은 동아시아 지역질서의 독자성을 강조하면서 일본 중심의 동아시아론을 재기획하게 된다.

1990년대 이후 한국에서도 동아시아론이 등장하기 시작했

11

다. 한국의 동아시아론은 동구 사회주의의 해체와 전 지구적 자본주의의 팽창에 따른 문명사적 비판과 회의에서 출발한 것이다. 여기에는 서구 중심적 자본주의 세계체제와 일국사 중심의 자국 중심주의적인 시각에 대한 비판의식이 깔려 있다. 말하자면 양자를 비판적으로 인식할 수 있는 일종의 매개항이자 새로운 문명적 대안으로서 동아시아에 주목하게 된 것이다. 예컨대 안중근安重根(1879~1910)과 신채호申采浩(1880~1936) 등 한국의 동아시아론은 쑨원(孫文, 1866~1925)의 대아시아주의나 일본의 침략적 아시아주의와는 차원을 달리해 왔다는 점에 주목하자는 것이다. 즉, 한국의 문명적 자산을 반추하여 동아시아의 역사상을 다시 검토해보자는 것이다.[7]

그러나 이러한 시각이 문명사적 보편타당성을 확보하기 위해서는 서구 중심적 세계체제와 자국 중심의 동아시아론에 비판적이고, 동아시아인의 일상에 기초한 수평적 사고를 지향하면서, 동아시아가 유기적인 시스템으로 인식될 수 있는 역사적인 안목이 요구된다. 이러한 관점에서 질병사 연구는 한국의 동아시아론에 어떤 기여를 할 수 있을까?

첫째, 질병사 연구는 경제사·사상사 중심의 동아시아론에서 벗어나 일상사에 기초한 새로운 시각을 보완하게 될 것이다. 경제사·사상사 중심의 동아시아론이 이론적 도식화에 치중해 있었다면, 질병사는 동아시아인의 일상 수준에서 동아시아가 어떤 관계, 어떤 소통체계를 형성하고 있었는지 검토하게 될 것이다. 그런 점에서 본서가 다루게 될 호흡기질환과 흡연의 사회사는 질병사적 관점에서 동아시아인들이 일상적으로 고통 받았던 질병의 발병원인과 그것을 둘러싼 사회적 관계를 살펴볼 수 있는 사례를 제공할 것이다.

둘째, 질병의 전파 및 방역시스템의 독자성에 대한 설명을 통해서 동아시아의 유기적 관계가 드러날 수 있을 것이다. 이를 위해서는 급성전염병의 전파과정과 방역시스템의 구축과정에 주목할 필요가 있다. 아울러 '조공무역병(Disease of Tributary Trade)'과 '중개무역병(Disease of Intermediary Trade)'에 관한 새로운 인식을 통해 동아시아 근대세계가 재조명될 것이다.

셋째, 한센병과 성병 등 만성전염병은 그 기원이 동아시아로 지목받는 등 서양인에 의한 질병의 오리엔탈리즘을 대표하는 사례이다. 더 나아가 이들 만성전염병에 대해 동아시아인들은 무감각하고 무관심했다고 지적되고 있다. 매독의 기원과 통제에 관한 논쟁 등을 재검토하여 만성전염병의 사회사를 재구축할 필요가 있을 것이다.

넷째, 다양한 형태의 동아시아 위생의료체제가 근대국가 형성에 미친 영향을 설명하고, 각각의 위생의료체제가 상호 경쟁과 타협을 통해 어떤 형태의 위생의료체제를 형성하게 되는지 설명할 수 있을 것이다. 이를 통해 질병이 근대국가 형성에 직접적인 영향을 미쳤으며, 동아시아 근대국가의 위생의료체제는 단순히 전통에서 근대로의 이행과정을 통해 탄생한 것이 아니라 다양한 시스템이 상호 경쟁하는 가운데 형성되었다는 사실을 검토할 것이다.

호흡기 질환과 흡연의 사회사

동아시아인의 주요 사망원인

과거부터 현재까지 동아시아인들이 일상 속에서 가장 고통을 받았던 질병은 무엇이고, 이들은 주로 어떤 질병으로 사망했을까? 우리는 19세기 말과 20세기 초에 작성된 각종 진료기록 및 사망통계 등을 통해 일상적인 질병과 사망원인 등을 유추해 볼 수 있다.

한국인의 질병에 관한 최초의 정확한 통계인 『제중원 일차년도 보고서』(1886)에 의하면, 1년 동안 외래환자 10,460명 중 소화기환자(19.4%)가 가장 많았고, 그 다음으로 성병(18.3%), 말라리아(10.1%) 순이었다.[8]

부산의 일본인 거류지에 세워진 부산의원에 근무했던 육군 군의 코이케 마사나오(小池正直)의 『계림의사鷄林醫事』(1887)는 1883년 4월~1885년 3월까지 조선인 및 일본인 환자들이 어떤 질병으로 고통을 받았눈지를 잘 보여준다. 조선인(1,364명) 환자는 내과질환 중에서는 소화기질환(13.9%)-전염병(7.4%)-호흡기질환(5.4%)-신경계질환(5.1%) 순으로, 외과질환 중에서는 염증(15.5%)-눈병(12.0%)-외상(10.6%)-성병(8.9%) 순으로 많았다. 일본인은 내과질환에서는 소화기질환(18.9%)-신경계질환(8.6%)-호흡기질환(7.8%), 외과질환은 외상(11.3%)-염증(10.9%)-성병(10.1%)-눈병(7.3%) 순으로 많았다.[9] 즉, 내과질환 중에서는 소화기·호흡기·신경계질환이 많았음을 알 수 있다.

1920년 조선총독부 조사에서 나타난 조선인의 사망원인은 신경계질환(16.8%)-소화기질환(10.6%)-호흡기질환(6.6%) 순이었다.[10] 또한 20세기 초 중국인의 주요 사망원인은 호흡기질환-신경계질환-소화기질환 순이었고,[11] 일본인은 소화기질환-신경계질환-호흡기질환 순이었다.[12]

동아시아 각국의 사망원인 조사에는 두창·적리·폐결핵 등 각종 전염병이 포함되는 경우도 있어 동일조건하에서 각국의 통계를 비교하기는 쉽지 않다. 그러나 전염병을 제외하면 대체로 소화기·신경계·호흡기질환이 앞서거나 뒤서거나 하며 가장 많은 비중을 차지하고 있었다.[13]

그렇다면 왜 이런 질병들이 만연했던 것일까? 우선 조선인이 소화기질환을 많이 앓았던 것에 대해 1935년의 한 분석은, 조선인은 다른 나라 사람들보다 위산을 과다 분비하여 위궤양·십이지궤양·위암이 많은데, 이는 고추와 염분의 과다 섭취에 의한 것이므로 이를 예방하기 위해서는 김치와 깍두기를 금지해야 한다는 분석을 제출하기도 했다.[14]

그런데 이러한 분석은 주로 미곡을 주식으로 삼는 중·상류층에 해당하는 것이고, 대부분의 일반 서민들은 만성 소화불량이나 위장장애를 겪는 경우가 더 많았다. 먹고살기에 급급했던 하층민일수록 초근목피로 연명해야 할 때가 더 많았다. 『제중원 일차년도 보고서』에 의하면 소화기환자의 주요 질환은 소화불량-설사-치질의 순이었다. 이러한 상황은 중국도 마찬가지여서, 1923년 하얼빈 선박회사 선원 7,000명을 조사한 결과 전체 선원 중 40%가 소화기환자였으며, 대부분 위장장애와 간경화를 앓고 있었다.[15]

일반적으로 신경계질환에는 간질·마비·정신병 등이 포함되는데, 이 당시 신경계질환으로 인한 사망자가 많았던 것은 신경계질환이 뇌졸중(중풍)과 같은 뇌혈관질환을 포함하고 있었기 때문이다. 오늘날 뇌졸중은 뇌혈관질환 중의 하나지만, 20세기 초까지는 뇌졸중이 신경계질환으로 분류되었다.

호흡기질환은 일반적으로 도시화 및 산업화 과정에서 불결한 주거 및 노동환경, 영양결핍 및 감염성 질환에 노출될 경우 걸리기 쉬운 것으로 알려져 있다. 호흡기 질환의 주요 질병으로 폐병·기관지염 등이 있는데, 특히 폐결핵은 호흡기질환에 포함시키지 않고 독립적인 사망원인으로 다루는 경우에도 사망률 1·2위를 차지할 정도로 사망자가 많았다. 『제중원 일차년도 보고서』에서 외래환자의 호흡기질환은 천식-기관지염-폐결핵 순이었다. 그런데 동아시아에서 호흡기질환이 만연했던 것은 결코 도시화에 수반된 현상만은 아니었다. 동아시아에서 호흡기질환이 만연했던 이유는 16세기 이후 담배가 도입돼 흡연이 만성적으로 이루어졌기 때문이었다. 16세기부터 20세기 초까지 흡연이 질병의 발병·사망에 어느 정도로 직접적 위협이 되었는지 정확한 수치로 나타낼 방법은 없다. 다만 최근의 통계 자료를 통해 흡연이 직접적으로 영향을 미치는 호흡기질환의 위험성은 충분히 짐작할 수 있을 것이다.

세계보건기구(WHO)와 국제암연구센터(IARC)의 보고에 의하면, 지난 2000년 전 세계적으로 142만 명이 암으로 사망했는데 그 중 21%가 흡연으로 인한 것이었다. 암 사망자 중 기관지 및 폐암이 60% 정도를 차지하고, 그 다음이 상부기도소화관암(20%)-위암(6%) 등의 순이었다. 기관지 및 폐암 사망의 71%는 흡연으로 인한 것이었다.[16] 이와 같은 통계는 전 세계를 기준으로 한 것이고, 흡연율이 매우 높은 동아시아에서 담배의 위협은 이보다 훨씬 심각할 것이다.

담배의 도입과정과 흡연문화의 형성

담배는 아메리카 인디언이 약용 및 주술용으로 사용하던 것이었는데, 콜럼버스Christopher Columbus(1451~1506)가 유럽세계에 전한 것으로 알려져 있다.[17] 1550년 스페인의 펠리페 2세가 담배를 의약용으로 재배하기 시작했고, 1561년 프랑스 외교관인 장 니코Jean Nicot가 현재에도 통용되고 있는 니코티아나 타바쿰Nicotiana Tabacum이라는 담배품종을 확산시켰다. 그후 유럽 각국은 신대륙의 노동력을 이용하여 담배 플랜테이션을 경영했으며, 담배는 서구세계의 자본주의 발전에 지대한 공헌을 하게 된다.

담배가 동아시아에 등장한 것은 일본을 통해서였다. 1570년 도쿠가와 이에야스(德川家康)가 나가사키(長崎)에서 포르투갈 상인의 무역을 허가한 이래, 1601년 성 프란시스코회 수도사가 도쿠가와에게 담배씨를 헌상했다는 기록이 최초이다. 담배는 포르투갈 상인에 의해 유입된 후 점차 전국으로 확산되었다. 중국의 경우 1613년 야오뤼(姚旅)의 『노서露書』에 따르면, 푸젠(福建) 상인에 의해 필리핀 루손섬을 통해 푸젠에 전해진 다음, 광둥(廣東)·저장(浙江)·장쑤(江蘇) 등으로 전파되었다 한다. 조선의 경우 1614년 이수광李睟光(1563~1628)의 『지봉유설芝峰類說』에 담배가 처음 보이는데, 여기에서 그는 "지금 사람들은 담바고를 많이 심는다"라고 말하고 있다.

담배의 도입은 일본을 통한 남방경로와 중국을 통한 북방경로가 모두 가능하다. 그런데 남초南草 혹은 남령초南靈草(남쪽의 신비한 약초)로 불린 명칭으로 보나 상주지방의 농사지침서인 『농가월령가』(1619)와 동래·울산에서 담배를 재배한다는 내용이 포함된 '담바고타령'을 통해 볼 때, 담배 도입 초기에는 일본을 통한 교류 및 담배무역이 활발하게 전개되었을 것으로 추론할 수 있다.

담배 도입 이후 흡연이 17세기에 어느 정도로 확산되었는지는 각종 문헌증거와 강희언·김홍도·신윤복·김득신·김준근 등 조선후기 및 한말 풍속화가들의 작품을 통해 살펴볼 수 있다. 1635년 장유張維의 『계곡만필谿谷漫筆』은 "세상에 담배를 피우지 않는 자가 백 명 천 명 중에 겨우 한 명이다"라고 하였고, 1638년 『인조실록仁祖實錄』은 "겨우 젖먹이를 면하면 횡죽을 피운다"고 하였다. 1668년 『하멜표류기』 역시 "4세, 5세가 되면 담배를 피우기 시작하여, 남녀 간에 담배를 피우지 않는 자가 극히 드물다"고 증언하고 있다. 이와 같은 기록으로 볼 때, 흡연이 보편적이었을 뿐만 아니라 아동흡연이 만연하였다는 것 또한 알 수 있다.

흡연의 효능에 대한 신념과 중독자의 만연

이처럼 아동흡연이 만연할 수 있었던 것은 흡연의 효능에 대한 신념 때문이었다. 흡연의 효능에 대해서는 일찍부터 찬반논의가 있었는데, 이수광과 이익李瀷(1682~1763)은 흡연의 폐해를 지적했고, 장유와 국왕 정조正祖(1752~1800)는 흡연의 효능을 찬미했다. 이익은 『성호사설星湖僿說』에서 흡연의 5가지 효능과 10가지 폐해를 논한 바 있다. 5가지 효능은 가래해

소·구역질 방지·소화촉진·신물억제·추위예방 등이고, 10가지 폐해는 정신을 해치고, 눈과 귀를 해치고, 머리카락이 희어지고, 얼굴이 창백해지고, 이가 빠지고, 살이 깎이고, 노쇠해지며, 냄새로 인해 제사지낼 때 신명神明과 통할 수 없고, 재물을 축내며, 담배를 찾느라 아무 일도 못하는 것 등이다. 이익은 흡연의 효능보다 폐해가 훨씬 크다고 보았는데, 그와 같은 우려에도 불구하고 민간에서는 흡연의 효능이 광범위하게 공유되고 있었다.

흡연의 효능으로는 구충의 효과가 있다거나 소화를 촉진한다거나 추위를 예방해 준다는 것이 대표적이다. 그 중에서도 흡연이 추위 및 한질寒疾을 예방해 준다는 신념은 청나라 군사들에게 크게 유행하여 청조가 죄질에 따라 사형까지 처했음에도 불구하고 이를 막을 수 없을 정도였다. 흡연이 추위를 막아 준다는 신념은 조선과 일본에서도 크게 유행했다. 그 밖에 흡연예찬론자였던 정조는 흡연이 추위와 더위를 막고, 소화를 돕고 악취를 쫓으며, 수면에 도움을 주고, 사교 및 문장을 지을 때 도움이 된다고 주장했다.

담배의 역사적 의미는 첫째, 18세기 중반 이후 시전상인의 독점이 폐지됨에 따라, 조공무역에 의한 공무역 질서를 대신하여 중개무역에 의한 사무역 질서가 동아시아의 지역질서에서 중요한 위상을 차지하였다는 점이다. 특히 조선은 담배 재배에 있어 이상적인 환경으로 질 좋은 담배를 양산할 수 있었고, 중국과 일본을 잇는 중개무역 기지로서 중요한 역할을 담당하였다. 둘째, 담배무역의 활성화 속에서 흡연의 효능에 대한 신념 역시 한·중·일에 공통으로 유행하게 되었다. 특히 흡연이 추위를 막아 준다는 신념은 동아시아에 공통으로 유행했다. 아울러 흡연이 소화를 돕는다는 신념 역시 유행했던 것으로 보이는데, 소화기질환의 만연에도 불구하고 그에 대한 특별한 대응책이 없었기 때문에 흡연이 소화를 돕는다는 신념은 더욱 확산되었을 것으로 판단된다.

1997년 WHO의 조사에 따르면, 성인남녀의 흡연율은 한국(68.2%/6.7%), 중국(61.0%/7.0%), 일본(59.0%/14.8%)으로 남성의 흡연율은 세계에서 각각 1위, 7위, 10위를 차지했으며, 최근에는 여성흡연율 증가추세에 있다. 이는 미국(27.6%/ 22.1%, 1997)이나 영국(29%/28%, 1996) 등과는 크게 대조를 이룬다. 오늘날까지도 동아시아 삼국에서 흡연인구가 적지 않은 것은 흡연의 효능에 대한 신념들이 오랫동안 유행한 것과 무관하지 않을 것이다.

흡연문화의 형성

조선사회의 흡연문화의 특성은 흔히 "담뱃대의 길이는 신분에 비례한다"라는 말로 표현되는데, 이는 중국이나 일본과 달리 조선의 흡연문화는 남녀·노소·귀천의 구별이 엄격하다는 뜻이다. 조선의 흡연문화가 위계적인 특성을 갖게 된 원인에 대해서는 대체로 세 가지로 설명할 수 있다.

첫째는 자연발생설인데, 담배가 초기에는 아무 앞에서나 피울 수 있었지만, 왕이 신하들에게 "입모양이 좋지 않다"고 하여 꾸짖자 그 후로는 감히 연기를 피울 수 없었고, 장죽을 뻗치는 것은 더욱 무례한 것으로 여겨졌다는 주장이다.[18]

둘째는 사회요구설인데, 17세기는 양반층이 성리학적 명분론에 입각해 사회질서의 강화를 도모한 시기이고, 임진왜란과 병자호란 등 전란으로 인해 흔들리는 신분질서와 윤리규범을 강화할 필요가 있었는데, 그 과정에서 흡연행위를 점차 사회적 권위와 연결하여 생각하는 의식이 깊이 뿌리내리게 되었다는 주장이다.[19]

셋째는 국가개입설인데, 흡연문화가 사회질서를 유지하기 위한 하나의 작동방식으로 존재하는 한 국가권력과의 관계를 배제할 수 없다고 주장한다.[20] 특히 국가는 국가제례, 궁중과 양반사회에 공권력을 개입시켜 흡연의 위계질서를 유지하고자 하였다.

위계적인 흡연문화가 의료사회사적으로 중요한 의미를 지니는 것은 흡연인구를 양산했기 때문이다. 대표적으로 아동흡연의 만연을 들 수 있는데, 흡연은 상투와 함께 성인을 표상하는 대표적인 상징이었다. 조혼 풍속의 만연 속에서 성인임을 나타내는 아동흡연은 니코틴 중독을 더욱 용이하게 했다.

조공무역병과 중개무역병

서양 제국의 방역대책은 효율적이었나?

흔히 서양 제국의 방역대책 하면 세균설細菌說(germ theory)
과 격리隔離(isolation)를 떠올리게 된다. 구체적으로는 세균의
발견으로 소독 및 예방접종 등이 가능해졌고, 사체 화장 및 격
리 등이 실시되었다. 반면 동아시아 전통사회의 방역대책은
느슨한 형태의 차단, 약제 분배, 구휼미 방출 등으로 대표된다.
사실상 전통사회에서 전염병이 발생하면 질병치료 등 다른 어
떤 조치보다도 구휼을 통해 국왕의 선정을 드러내는 것이 가
장 중요한 조처였다. 따라서 일반 민중들의 반발을 불러올 격
리조치가 강제되기는 어려웠다. 그 밖에 국가의 중요 대응책

으로는 여제厲祭와 같은 국가제사나 수륙재水陸齋와 같은 불교의식 등을 통해 민심을 수습하는 것이었다. 이와 같은 차원에서 서양 제국과 동아시아의 전염병대책을 비교하면, 서양 제국의 방역대책이 훨씬 효율적이었을 것이라고 생각된다.

그러나 사실은 그렇지가 않다. 제2차 세계대전을 전후하여 페니실린penicillin이나 스트렙토마이신streptomycin과 같은 항생제가 개발되기 전까지는 서양의학에서 효과적인 예방접종이나 치료약을 거의 찾아볼 수 없었다. 전염병이 잦아든 결정적인 계기 역시 격리 자체가 성공적이었기 때문이 아니라 전적으로 계절적 요인 때문이었다. 대부분 겨울이 본격화되는 시점에서 전염병 환자가 줄어들었다. 또한 서양제국의 방역대책은 우선은 예방에 치중하는 것이었고, 일단 전염병이 발생하면 격리 외에는 치료적 처치는 거의 없었다. 반면 동아시아 전통의학은 그 효험을 객관적으로 증명할 수 있는 자료는 제시하기 어렵지만, 각 전염병에 대한 처방이 존재했고, 영양결핍으로 질병에 대한 저항력이 없는 일반 민중들에게 죽이나 곡식을 나눠 주는 국가의 구휼대책은 효과가 컸다. 또한 전염병 확산에 겁을 먹은 일반 민중이 도피 혹은 피난하는 경우 더 큰 혼란을 초래할 수 있었는데, 이 때 각종 제사는 혼란방지와 민심수습에 도움이 되었다. 따라서 이와 같은 시각에서 보자면, 19세기 말에서 20세기 초까지의 서양 제국과 동아시아 각국의 방역대책을 두고 근본적인 우열관계를 따지기란 매우 어렵다는 사실을 알 수 있다.

그럼에도 불구하고 동아시아 각국은 서양 제국의 군사적·문명적 성과를 과소평가할 수 없었고, 국제적인 생존경쟁에서 살아남기 위해서라도 서양의 방역시스템에 관심을 갖지 않을 수 없었다. 전염병관리를 위해 근대국가는 전염병을 법률로 제정하여 질병관리를 위한 공간통제의 대상이 되는 질병을 명시하고, 국가적 차원에서 질병보고체계를 확립하고자 하였다. 근대국가는 발생 즉시 조치를 취해야 하는 급성전염병急性傳染病과 그렇지 않은 만성전염병慢性傳染病을 구분하였고, 급성전염병을 법정전염병法定傳染病으로 규정하여 발생 시 일정기간 내에 해당관청에 보고하도록 의무화하였다.21) 앞서 언급한 바와 같이 근대국가에는 질병자체를 치료할 수 있는 능력은 거의 없었기 때문에 질병보고체계와 공간통제를 강화하는 것만이 전염병대책에 있어서 거의 유일한 효과적 방안이었다.

일본은 1880년 '전염병예방규칙'을 통해 두창(smallpox)·장티푸스(typhus)·발진티푸스(typhus fever)·콜레라(cholera)·적리(dysentery)·디프테리아(diphtheria) 등 6종을 법정전염병으로 제정하였다. 1897년에는 성홍열(scarlet fever)과 페스트(plague)가 추가되었다.

우리나라 최초의 법정전염병은 1899년 대한제국시기에 공포된 것으로 두창·장티푸스·발진티푸스·콜레라·적리·디프테리아 등 6종이었다. 1915년 일제하에서 파라티푸스·성홍열·페스트 등 3종이 추가되어 법정전염병은 9종이 되었다.

1916년 베이징정부는 두창·장티푸스·발진티푸스·콜레라·

적리·디프테리아·성홍열·페스트 등 8종을 법정전염병으로 제정하였고, 난징국민정부는 1928년에 유행성뇌척수막염(epidemic cerebrospinal meningitis)을 더한 9종을 법정전염병으로 정하였다.[22]

새로 추가된 전염병은 법정전염병 제정에 앞서 그 질병이 크게 유행했다는 것을 의미하는데, 대한제국시기를 기준으로 보면, 20세기 초에 한국에서는 파라티푸스·성홍열·페스트가 유행했고, 중국에서는 성홍열과 페스트가 유행했다는 것을 짐작해 볼 수 있다. 실제로 1910년 10월~1911년 2월까지 만주 지역에서는 페스트가 크게 유행하여 불과 서너 달 사이에 사망자수가 44,000여 명에 이르기도 하였다.

그렇다면 이들 전염병 중에서 동아시아인들을 가장 괴롭혔던 것은 어떤 것이었을까? 조선총독부가 작성한 『조선방역통계朝鮮防疫統計』(1941)에 의하면, 1911년부터 1939년까지 약 30여 년 동안 일제하 조선에서 전염병 환자의 연평균 발병자수와 그 비율은 연평균 발병자 14,177명 중 두창(1,835명, 12.9%), 콜레라(1,510명, 10.7%), 적리(2,404명, 17.0%), 장티푸스(4,503명, 31.8%), 파라티푸스(438명, 3.1%), 발진티푸스(1,602명, 11.3%), 성홍열(845명, 6.0%), 디프테리아(849명, 6.0%), 유행성뇌척수막염(191명, 1.3%) 등이었다. 연평균 전염병 사망자수와 그 비율은 연평균 3,274명의 사망자 중 두창(486명, 14.8%), 콜레라(921명, 28.1%), 적리(521명, 15.9%), 장티푸스(745명, 22.8%), 파라티푸스(38명, 1.2%), 발진티푸스(79명, 2.4%), 성홍열(142명,

4.3%), 디프테리아(246명, 7.5%), 유행성뇌척수막염(96명, 2.9%) 등이었다.[23] 같은 시기 일제하 조선에서의 전염병 치사율은 두창(26.5%), 콜레라(61%), 적리(21.7%), 장티푸스(16.5%), 파라티푸스(8.8%), 발진티푸스(11.9%), 성홍열(16.8%), 디프테리아(29.4%), 유행성뇌척수막염(53.3%, 1924~1939년 통계임) 등이었다.

공식 통계에 포함되지 않은 조류독감을 제외하면, 통계수치상 그 중요성을 새삼 확인할 수 있는 전염병은 두창과 콜레라이다. 두창은 조선총독부가 대한제국의 업적으로 인정했을 정도로 근대국가 성립초기부터 국가에 의해 집중적으로 관리되던 전염병이었다. 두창 예방접종은 성과가 많았음에도 불구하고 여전히 감염환자가 적지 않았고, 치사율도 상당히 높았다. 콜레라는 사망자수와 치사율에서 압도적인 1위를 차지했다.

조공무역병과 중개무역병

조공무역朝貢貿易이란 삼국시대 이래로 19세기 말까지 동아시아 세계질서를 규정짓는 공식적인 무역으로서 황제에 대한 신하의 예로서 일종의 공물을 바치는 의식이다. 조공무역은 기본적으로 지배와 복속이라는 정치질서를 인정하는 것이므로 착취적이고 비경제적이라는 견해가 있다. 또 다른 한편으로는 공물에 대한 답례 형식을 통해 더 많은 실리를 추구하고 선진문물을 받아들여 사회발전에 활용할 수 있었다는 견해도

27

있다. 이 견해에 따르면 명나라는 조공에 대한 답례에 부담을 느껴 삼년에 한 차례 정도 조공(三年一貢)을 원했으나 오히려 조선에서는 일 년에 세 차례 조공사절을 파견하여 적극적으로 답례를 받았다는 것이다. 조공무역은 사신이 주도하는 사행무역使行貿易, 그 수행원에게 주어지는 팔포무역八包貿易과 별포무역別包貿易 등이 있었다. 이처럼 조공무역은 일상적이며 지속적이지 못했고, 특정계층이 주도하여 폐쇄적이고 분산적이었다고 할 수 있다.

이와는 달리 중개무역仲介貿易은 16세기말 이래로 한·중·일 상호 필요한 물품과 문화를 쌍방향에서 교류하였다. 중개무역은 조선을 중심으로 청과 일본을 잇는 무역으로 잠상潛商들이 주도하는 사무역 중심의 무역형태였다. 중개무역은 국경지역에 공식 개설된 사무역 형태의 개시開市와 밀무역 형태의 후시後市를 포함하는데, 대표적으로 중강개시中江開市와 중강후시中江後市, 책문후시柵門後市, 단련사후시團練使後市, 북관개시北關開市, 왜관개시倭關開市 등이 있었다. 1593년부터 시작된 중강개시의 경우 조선의 구리·면포를 가지고 명나라의 미곡·군마 등과 교역을 시작했다. 인조대의 중강개시에는 서울·개성·황해도·평안도·의주상인 등 300~400명이 참여하였고, 교역품은 소·미역·해삼·면포·포·소금·사기 등이었다.[24] 담배와 인삼은 공식적인 교역에서는 금지 품목이었으나 중개무역상 중요한 비중을 차지하였다.

동아시아에서 전염병은 대부분 무역경로를 통해 확산되었

고, 각종 전염병은 일종의 무역병이라고 할 수 있다. '조공무역병'과 '중개무역병'은 각각 조공무역과 중개무역을 통해 확산된 질병이라는 뜻이 아니라, 질병의 생태가 조공무역 혹은 중개무역과 같은 양상을 보여준다는 의미이다. 즉, 조공무역병이 일방적이며 폐쇄적인 반면, 중개무역병은 쌍방향적이고 개방적이라는 뜻이다. 예컨대 두창·페스트·성홍열 등 대부분의 전염병은 조공무역병의 일종이라고 볼 수 있다. 조공무역병은 청에서 조선을 거쳐 일본에 전해졌으며, 그 역방향은 입증하기 어렵다. 다만 두창의 경우 두창을 몰아내기 위한 마마배송굿에서 "호구마마님, 오신 길로 다시가소서"라는 주문을 외는데, 여기서 호구란 중국 혹은 중국에서 온 귀신을 뜻한다. 이 역시 역귀를 중국으로 되돌려 보내는 의식을 통해서 조공무역과 같은 단발성 답례 형식을 취하는 것이다. 역귀를 위한 여비 역시 편도 비용만을 챙겨줌으로써 다시는 역귀가 되돌아오지 않기를 기원했다.

일본에서 두창은 신라에서 전해진 질병으로 인식되고 있으며, 임신한 진쿠황후(神功皇后)가 스미요시대명신(住吉大明神)의 도움을 받아 고구려·백제·신라를 정복했다는 설화가 있다. 이 때문에 스미요시신사(住吉神社)는 한반도 침략을 준비했던 일본인들이 즐겨 참배했던 장소였는데, 스미요시대명신에게 제사를 지내야 두창 등 한반도에서 전해진 병마를 이길 수 있다는 신념이 유행하기도 하였다.[25] 이 역시 단발성 답례형식을 취하는 조공무역병의 단면을 보여준다 할 수 있다. 반면 콜레라는 대표적인 중개무역병이라고 할 수 있는데, 19세기 이후 전염병의 전파경로가 청-조선-일본, 일본-조선-청으로 명확하고, 쌍방향적인 중개무역 루트를 통해 전염병이 확산되었다.

두창

예부터 마마·손님·포창疱瘡 등으로 불린 두창痘瘡은 일본에서는 천연두天然痘, 중국에서는 천화天花라고 부른다. 원인균은 배리올라 바이러스Variola Virus로 감염되면 고열과 전신에 발진이 나타나고 두통·구토·몸살 등의 증상도 수반된다. 이런 증상이 나타난 후 2~4일이 지나면 열은 떨어지고, 발진이 나타나기 시작한다. 발진은 얼굴·손·이마에 먼저 생기고, 며칠이 지나면 몸통에도 나타난다. 발진은 구진-수포-농포로 진행하는데, 증상이 나타난 지 8~14일이 지나면 농포에 딱지가 앉고 움푹 들어간 흉터가 남는다.

두창은 기원전 1157년 람세스 5세의 미라에서 그 흔적을 발견할 수 있으며, 길게는 기원전 1만 년 전에도 나타났다는 주장도 있다. 두창은 주로 전쟁 중 서로 다른 문명권에 전해진 것으로 알려져 있다. 기원전 13세기 이집트와 히타이트 전쟁 중에 두창이 발생했고, 서기 180년에는 두창의 확산과 더불어 로마에서 350~700만 명이 사망하여 로마가 쇠퇴하게 된 결정적 계기를 제공한 것으로 여겨진다. 십자군 전쟁 이후 두창은 신대륙과 아랍 세계에 전파된 것으로 알려져 있다.

두창의 파괴력을 가장 잘 보여주는 사례로는 1520년 스페인 함대의 신대륙 상륙과 관련된 것이다. 스페인 함대 내부의 갈등으로 함대 사령관이 주력군을 데리고 철수한 이후 600명의 병사들과 멕시코에 남겨진 코르테스는 전멸위기에 처해 있다가 퇴각하였다. 퇴각한 지 넉 달 후에 테노치티틀란(현 멕시코시티)에서 두창이 발생했고, 아스테카문명은 종말을 기하게 되었다. 두창은 여기에 그치지 않고 과테말라로 퍼져나갔고, 계속 남하하여 페루의 잉카제국까지 휩쓸었다.

두창의 동아시아 유입은 기원전 3세기에 Hun-pox로 불렸던 것에서 알 수 있듯이 두창은 흉노족을 통해 동아시아에 전해졌다는 설과 기원후 42년(建武 17년) 베트남 포로를 통해 전해졌다는 설이 있다. 4세기에는 도교의학에 정통했던 거홍葛洪(283~343)이 『주후방肘後方』에서 두창에 대해 기록하고 있으며, 이를 통해 두창이 중국 남부에 확산되어 있었다는 것을 알 수 있다. 인도에서 유래한 인두법人痘法은 중국 송대에 확산되어 일부지역에서는 이미 예방접종이 가능했던 것으로 알려져 있다. 서양의 우두법牛痘法은 1805년 광둥 주재 동인도회사의 주치의였던 알렉산더 피어슨Alexander Pearson에 의해 중국에 전해진 이후 급속도로 확산되었다.[26]

두창은 인두법과 우두법이라는 확실한 예방수단이 존재했으며 그 예방효과가 탁월하여 19~20세기 각국 정부가 가장 심혈을 기울인 사업이기도 했다. 그렇다면 두창으로 인한 인명피해 규모는 어느 정도였을까?

『제중원 일차년도 보고서』는 2세 이전에 20%, 2~4세 사이에 20%가 사망하여 4세 이전에 40~50%가 두창으로 사망할 것이라고 보았다. 아울러 이 보고서는 한의사들이 한국인의 사망원인 중 50%는 두창에 의한 것이라고 추정하고 있다고 언급했다.[27] 하지만 이때는 우두법 대신 아직까지 인두법이 상용되고 있던 때이며, 정확한 근거자료가 제시되지 않았기 때문에, 인두법을 불신했던 서양의사의 시각에서 작성된 『제중원 일차년도 보고서』의 두창 사망률에 관한 서술은 실제보다 약간 과장되었을 것으로 추측된다.

조선총독부의 『조선방역통계』(1941)에 의하면 1911~1939년까지 20여 년 동안 조선에서 두창환자의 치사율은 조선인이 27%, 일본인이 21%였다. 1923~1939년까지 조사에 의하면, 조선인 두창환자의 치사율은 24.3%인데, 5세 미만의 아동이 전체 두창 사망자의 63.9%를, 10세 미만의 아동이 전체 두창 사망자의 75.5%를 차지하였다.[28] 1927년 밴버스커크J. D. Vanbuskirk의 조사에 따르면 조선에서 10세 이하 9,070명의 사망아동 중 경련(46.6%)에 이어 두창 사망자는 15.5%(1,406명)를 차지하였다.[29] 식민지 조선에서 두창은 일본 제국의료의 우월성을 나타내는 대표적인 사업이었음에도 불구하고, 발병자수와 사망자수가 적지 않았다. 두창은 1910년대부터 1930년대까지 연평균 전염병 사망원인 중 14.8%를 차지했고, 연평균 486명이 사망했다. 반면 1908년 일본의 두창 사망자는 100명 미만이었다.[30] 1910년을 기준으로 할 때 조선의 인구는

1,500만 명이고, 일본의 인구는 5,100만 명이었다.

중국에서는 1919년 레녹스William G. Lennox가 베이징 지역의 4,000가구를 조사하였는데, 2,754명의 3세 이하 아동의 사망 원인은 경련(45.4%)에 이어 두창이 17.5%(484명)로 2위를 차지하였다. 이 두창 사망자 중 94.2%(456명)는 출생 후 11개월 이전에 사망하였다.[31] 1934~1938년 베이핑(北平)[32]에서 두창으로 인한 치사율은 80.9%로 매우 높았지만, 1936년도 베이핑의 사망원인 중 두창 사망자는 847명으로 전체 사망자 중 2.8%에 불과했다. 당시 베이핑은 위생개혁을 성공적으로 수행하고 있어 두창 통제에 상당한 성과를 올리고 있었다. 1930~1936년 7년 동안 타이위안(太原)에서 두창으로 인한 치사율은 30.5%를 나타냈고, 1929~1936년 톈진(天津) 지역 일본인의 두창 치사율은 9.7%에 불과하기도 했기 때문에, 베이핑의 높은 치사율이 중국사회에 보편적이었다고 보기는 어렵다.[33] 20세기 들어 두창 예방접종은 동아시아에서 보편적으로 실시되었다. 아울러 1930년대를 전후하여 두창으로 인한 사망자가 현저하게 줄어들고 있었다.

동아시아 전통사회에서 두창의 만연과 피해규모는 에도(江戶)시기 히다(飛驒) 지역의 불교사원에 남아있는 카코쵸(過去帳)라는 사망기록부를 통해 알 수 있다.[34] 1771~1852년까지 히다지역 사원의 카코쵸 기록에 의하면, 두창 사망자의 86.0%가 5세 이하 아동이었고 96.1%가 10세 이하 아동이었다. 10세 이하 두창 사망자는 전체 사망자의 26%였고, 전체 아동 중에서 10%는 두창으로 인해 사망했다.[35] 일본에 인두법이 전해진 것은 1744년이고, 우두법이 전해진 것은 1849년이므로 1771~1852년까지 이 시기는 사실상 인두법이 지배한 시기였다. 20세기 이후에도 두창으로 인한 아동사망률은 높게 나타나는 것이 일반적이므로, 일본의 전통사회에서 아동사망률이 높은 것은 이례적인 것이라고 할 수 없지만, 사망원인 중 두창이 차지하는 비율은 상대적으로 높지 않다는 것을 알 수 있다. 이는 인두법에 의한 예방접종의 효과 역시 무시할 수 없음을 보여주는 사례라고 할 수 있다.[36]

두창을 예방하기 위해서는 사람의 몸에 두묘痘苗를 심어야 하는데(種痘), 사람의 두묘를 심는 방법을 인두법이라고 하고, 소의 두묘를 심는 것을 우두법이라고 한다. 인두법은 두창을 앓은 환자의 진성 두를 사용하기 때문에 독성이 강한 편이다. 따라서 우수한 두딱지를 골라야 하며, 피접종자의 나이와 건강상태 등이 매우 중요하다. 코를 통해 주입하는데, 성별에 따라 왼쪽 혹은 오른쪽 콧구멍에 넣는다. 따라서 폐기도를 통한 두창의 감염 위험도 따른다. 조선에서 인두법은 정약용丁若鏞(1762~1836)이 『종두요지種痘要旨』(1800)를 통해 중국의 인두법을 소개하였다. 이종인李鍾仁은 『시종통편時種通編』(1817)을 통해 인두법의 100% 성공을 자신하였다. 20~30년 이후인 이규경李圭景(1788~?)의 『오주연문전장산고五洲衍文長箋散稿』에서는 인두법이 확산되고 있음을 지적하고 있다.

우두법은 1796년 제너Edward Jenner(1749~1823)에 의해 발견

되어 그로부터 10년 뒤인 1805년 알렉산더 피어슨이 우두종법에 관한 책을 저술하였고, 토마스 스탠튼Thomas Stanton이 그것을 『종두기법種痘奇法』이라는 책으로 한역하였다. 1817년에는 중국인 치우시(邱熺)가 『인두략引痘略』을 지어 우두법을 보급하였다. 1828년 『신증종두기법상실新證種痘奇法祥悉』이 베이징에서 출간되었는데, 정약용이 이를 입수하여 자신의 저서인 『마과회통麻科會通』의 부록으로 실었다. 정약용은 인두법에도 정통하였으므로 우두법 시술에 어려움이 없었을 것이다. 『오주연문장전산고』에 의하면, 1854년경에는 평안도·황해도·강원도 등지에서 우두법이 실시되고 있었다고 한다. 그러나 아직 우두접종이 제도적으로 안착되지는 못한 상태였다.

우두법은 소에게서 두묘를 채취하기 때문에 독성이 약하고, 대량으로 백신 채취가 가능하다는 장점이 있었다. 아울러 한 살 미만의 영아에게도 접종이 가능해졌다. 또 콧구멍이 아닌 팔뚝에 접종하기 때문에 접종이 간편하고 백신도 장기간 보관이 가능했다.

우두법이 국가차원에서 실시된 것은 지석영池錫永(1855~1935)의 활동을 통해서였다. 지석영은 1876년 수신사修信使의 일원이었던 박영선朴永善을 통해 우두법을 알게 되었고, 1879년에는 일본인 거류지에 설립된 제생의원濟生醫院을 찾아가 우두법을 배웠다. 1880년에는 우두백신 제조법을 배우기 위해 수신사 일행을 따라가 일본에서 우두백신 제조법을 배웠다. 1882년에는 전주에 우두국을 설립하여 우두접종을 실시하였으며, 이듬해에는 공주에 우두국을 설립하였다. 1885년에는 우리나라 최초의 우두서인 지석영의 『우두신설牛痘新說』이 발표되었고, 조선정부의 우두사업도 본격적으로 실시되었다. 1885년부터 1890년까지 조선정부의 우두사업은 북으로는 간도, 남으로는 제주에 이르기까지 광범위하게 시행되었다. 그러나 『제중원 일차년도 보고서』(1886)가 조사대상의 60~70%는 인두접종을 받았다고 지적하고 있는 것처럼, 당시까지만 해도 인두법이 널리 시행되고 있었다.

우두접종이 제도적으로 안착된 것은 1895년 '종두규칙'이 반포되고, 1897년 종두의 양성소가 설립되어 53명의 종두의사가 양성되기 시작하면서부터였다. 그러나 1899년 (관립)의학교가 설립되고, 서양의사가 우두접종의 주도권을 장악하면서 한의학적인 처방은 무시되기 시작했다. 사실 서양의학에서는 예방접종을 제외하고 두창에 걸렸을 때에는 효과적인 처방은 존재하지 않았다. 다만 두창에 걸렸을 때 민간의 배송굿의 효험은 아주 확실했는데, 그 이유는 배송굿 자체를 두창에 걸린 후 가장 위험한 시기인 13일이 지난 다음에 실시하였기 때문이었다.

정부차원의 활동을 주도했던 지석영은 1887년 갑신정변의 배후로 지목받아 강진으로 유배되면서 정부 내 활동은 중지되고 개인적 활동에 만족해야 했다. 지석영 이외에도 계득하桂得河, 최창현崔昌鉉, 이유현李有鉉 등은 우두법의 도입과 확산에 기여했는데, 이들은 우두법을 일본이 아닌 중국에서 배워 왔다. 특히 이재하李在夏는 『제영신편濟嬰新編』(1899)을 통해서 지석영보다 이른 1875년 영국의사로부터 우두법에 대해서 알게 되었다고 주장했다. 이러한 주장들은 그 사실여부를 떠나 우두법이 다양한 경로를 통해서 학습되고 있었음을 보여준다.

한국의 외교권을 박탈하기 위한 을사조약(1905) 체결 이후 통감부는 강제접종을 시행하였는데, 1908년에는 54만 명, 1909년도에는 68만 명을 접종하였다. 미접종자는 형사범 취급을 하였으며, 총칼로 위협하는 무단적인 통제였다. 우두접종은 식민지 근대화를 미화하는 수단으로 활용되었지만, 실상은 식민과 무단통치를 위한 훈육의 수단이었으며, 그 접종효과 역시 제한적인 것이었다. 두창 사망자는 1910년을 기준으로 할 때, 조선이 일본에 비해 인구대비 16배 이상 많았다.

콜레라

콜레라는 비브리오 콜레라Vibrio Cholerae라는 원인균이 인체 내에 침입한 후, 6시간에서 5일간의 잠복기간을 거쳐 소장에서 콜레라 독소를 증식시킨다. 초기에는 물설사가 시작되며, 심한 경우 쌀뜨물 같은 설사와 구토, 발열, 복통이 동반된다. 대부분 과도한 설사로 인한 탈수로 사망한다. 19세기 콜레라 치사율은 50~70%이상이었다. 1883년 코흐Robert Koch(1843~1910)가 콜레라균을 발견함에 따라 상수원의 염소소독과 콜레라 예방접종 등이 개발되었다. 그러나 20세기 이후에도 대부분 지역에서의 콜레라 치사율은 50% 이상이었다. 최근까지도 지역적으로 산발하고 있을 정도로 콜레라는 인류가 극복하지 못한 질병으로 남아 있다. 예방 및 치료를 위해서는 생식을 삼가고 손을 자주 씻으며 반드시 끓인 물을 마셔야 한다. 치료는 격리치료가 필수적이며, 탈수현상을 막기 위해 수액을 공급하고 항생제 치료가 병행된다.

대부분의 질병은 그 기원이나 전파과정을 파악하기 어렵다. 콜레라가 중국의 오래된 풍토병 중의 하나였을 가능성에 대한 논쟁에도 불구하고,[37] 일반적으로는 1817년 인도 서북부 갠지스강 유역 캘커타에서 발생하였다고 보고 있다. 캘커타는 당시 행정 중심지이자 세계항해의 중심지였다. 콜레라는 19세기에만 총 다섯 차례에 걸쳐 전 세계적으로 유행했다(여섯 차례라는 주장도 있다).

제1차 대유행은 1817~1824년으로 인도에서 주로 동아시아 지역으로 확산되었다. 동아시아 전파는 육로가 아닌 해로를 통한 것이었는데, 캘커타에서 시작되어 말라카 해협을 거

차수	연도	주요 유행지역 및 사건
제1차	1817~1824	인도, 중국, 조선, 일본, 동남아
제2차	1829~1837	아프가니스탄, 페르시아, 유럽, 동아시아
제3차	1840~1860	1차: 1840~1850, 2차: 1849~1860
제4차	1863~1875	지리적으로 최대 범위
제5차	1881~1896	코흐에 의한 콜레라균 발견

[19세기 콜레라 대유행 연표]

처 중국 동부 연안에 도착하였다. 1820년 원저우(溫州)·닝보(寧波)·광둥 등지에 처음 도착했다. 놀랍게도 중국인들은 콜레라를 새로운 질병으로 인식하지 않고, 일종의 급성위장병인 곽란霍亂과 동일한 질병이라고 생각했다. 이 질병은 베이징과 중국 동북부를 거쳐 1821년(순조 21년) 9월 9일(음 8월 13일) 평안도 지역에서 크게 유행하여 10일 동안 1,000여 명이 사망하였고, 9월 18일(음 8월 22일)에는 이미 전국으로 퍼져 사망자가 수십만 명에 이른다고 보고되었다. 즉, 콜레라는 중국 동북지역의 육로를 통해 조선에 전파되었다. 조선에서는 이 질병을 이름을 알 수 없는 괴이한 질병이라 하여 괴질怪疾이라고 불렀다. 1822년에는 일본의 나가사키에서 유행했다. 일본의 콜레라 유입은 자바 해협을 통해 곧바로 나가사키로 유입되었다는 주장[38]과 조선을 통해 쓰시마섬(對馬島)과 시모노세키(下關) 등지로 유입되었다는 주장이 있다.[39] 최근에는 조선 루트가 설득력을 얻고 있다. 어떤 경로를 통해서든 나가사키에서 유행했는데, 나가사키에서 콜레라의 음역으로 '코로리ㄱ ㅁ리'라는 표현이 사용되었다. 이것은 콜레라가 일본 혹은 동아시아의 고유한 질병이 아니라 새로운 질병이었다는 것을 일본인들이 인식하고 있었다는 것을 의미한다.

조선에서 콜레라가 처음 유행했을 때는 괴질, 윤질輪疾, 여질沴疾로 불렸고, 한의사들은 중국의 영향을 받아 서습곽란暑濕霍亂, 윤증곽란輪症霍亂 등으로 불렀다. 1895년 '호열자병소독규칙' 이후 콜레라의 음역으로 호랑이가 물어뜯는 고통을 주는 질병이라는 뜻으로 '호열자虎列剌'라는 명칭이 사용되었다.

제1차 대유행시기에 조선의 콜레라 사망자에 대한 정확한 통계자료는 없다. 사료 상으로는 지역별로 수만에서 십 수만에 이르는 것으로 보고되는데, 질병통제의 성과가 지방관에 대한 평가와 직결되었기 때문에 실제보다 축소 보고된다는 점에 주의할 필요가 있다. 1807~1835년 사이에 조선의 인구가 100만 명가량 줄어드는데, 기근·전란·기타 전염병이 포함된 수치이긴 하나 누락된 수치 등을 감안하면 조선에서 제1차 콜레라 사망자 수는 100만 명 정도라 추산할 수 있다. 당시 조선의 인구가 1,000만이었으므로 인구의 10분의 1이 콜레라로 인해 사망한 것이다. 『조선왕조실록』에서는 1821년 9월 18일에 "이 병에 걸린 사람들은 열 명 중 한두 사람도 살아남지 못했다"라고 했으므로 치사율은 80~90% 이상이었다고 할 수 있다. 조선에서 콜레라의 두 번째 유행은 1859~1860년의 일인데, 이때는 50만 명가량이 사망했으며, 1895년경에도 콜레라로 인해 수만 명이 사망했다.[40] 1895년 7월 선교의사들에 의해 동대문 근처에 설립된 피병원避病院은 폐쇄될 때까지 135명의 콜레라 환자를 수용하였는데, 치사율은 75%에 달했다.[41]

일본에서의 제1차 대유행시기에 사망수치는 거의 알려져 있지 않다. 이 당시 콜레라는 나가사키와 일본의 중서부 지역에 한정되었으며, 에도 등 동부지역 도시로 확대되지는 않았다. 일본에서 제2차 유행이었던 1858년 발생한 콜레라는 일본 역사상 최악의 상황을 초래했다고 평가된다. 최소 수십만 명이 사망했을 것인데, 조선에서 콜레라가 처음 발생했던 것과 비슷한 상황이었을 것이다. 제3차 유행은 1862년에, 제4차 유행은 1877년에 있었다. 일본정부 내에 위생국이 성립된 이후 1877년부터 콜레라 사망자에 대한 통계가 작성되었다. 이에 따르면 1877년 이후 20세기 전까지 콜레라가 발생하지 않은 적은 한 번도 없었고, 10만 명 이상이 사망한 것도 두 차례나 되었다. 제5차 유행인 1879년에 162,637명의 환자가 발생했고 105,786명이 사망하였으며, 치사율은 64.0%였다. 제6차 유행인 1886년에는 155,923명의 환자가 발생했고 108,405명이 사망했으며, 치사율은 69.5%였다. 20세기 이후로 일본에서 콜레라 사망자는 매해 평균 수천 명 이하로 줄어들었으나 콜레라의 치사율은 56~87%로 매우 높았다.[42]

그런데 주목해야 할 것은 콜레라의 전파가 청→조선→일본으로 일방향뿐 아니라 일본→조선→청으로의 역방향으로도 전파되었다는 것이다. 『구한국외교문서』 등의 자료에 의하면, 1879년 6월 부산에서 북상한 콜레라는 1879년 일본의 제5차 유행에 이은 것이었다. 1890년 9월에는 나가사키와 고베(神戸)에 콜레라가 유행하자 인천·부산·원산에서 검역이 시행되었다. 이 밖에 1858년 나가사키 유행 이후 1860년 경성 등지에서의 유행은 일본→조선으로 전염병이 확산된 사례로 여겨진다.[43] 당시 조선을 중심으로 청-조선-일본 사이에서 무역거래가 활발했기 때문에 콜레라를 비롯한 전염병의 확산이 쌍방향으로 이루어졌음은 어렵지 않게 추론해 볼 수 있다.

19세기 동아시아의 콜레라는 영국의 식민지배 혹은 서양자본주의의 아시아 확대와 무관하지 않다. 그러나 서양 자본주의의 동아시아로의 일방적 확장과정이나 조공무역의 일방향적인 확대라고 보기는 어렵다. 콜레라는 청-조선-일본을 잇는 쌍방향적인 교류가 빈번했음을 보여준다. 또한 19세기의 콜레라는 수차례에 걸쳐 대규모로 발생했는데 피해규모는 판이하게 달랐다. 이는 19세기 도시성장·인구밀집·환경악화·인체면역력 등과 무관하지 않은데, 그중에서도 초기에 피해규모가 큰 것은 인체면역력과의 상관관계가 크다. 19세기 콜레라는 동아시아 방역체계의 구축에도 지대한 영향을 미쳤다. 일본에서는 콜레라를 '위생의 어머니'라고 칭할 정도로 위생행정의 수립에 중요한 의미를 지니는데, 일본은 1870년대에 콜레라에 대응하면서 방역체계를 갖추기 시작했다. 조선도 콜레라에 대처하는 가운데 1885년 해항검역이 시작되었다.

20세기에 들어와서도 콜레라는 크게 유행하였지만 이전과는 그 양상이 달랐다. 첫째, 이전과 달리 정확한 자료조사가 가능해졌다. 물론 중국은 전국에 걸친 종합적인 통계조사는 불가능했고, 상하이·홍콩 등과 같은 특정 도시에 한하여 통계조사가 실시되었다. 둘째, 교통의 발달에 따라 연해 중심에서 벗어나 내륙에도 깊숙이 전파되었다. 셋째, 면역력의 증대에도 불구하고, 콜레라로 인한 치사율은 여전히 높은 수치를 나타냈다. 20세기 초 식민지 조선뿐만 아니라 대만, 일본 등지에서도 콜레라로 인한 치사율은 56~87%에 달했으며, 사망자

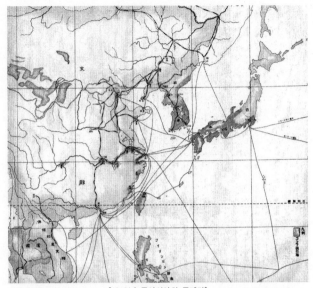

[1919년 동아시아의 콜레라]
20세기 콜레라는 연안뿐 아니라 철도를 통해 내륙 깊숙이 침투해 들어갔으며
조선·일본·대만·중국의 철도연선·베트남 등지에서 크게 유행했다.

수도 많을 때는 수천 명에서 일만 명을 상회했다. 넷째, 19세기 이래로 콜레라는 지속적으로 발생하였기 때문에, 근대국가의 방역시스템에 대한 중간평가적 성격을 갖는다. 결과적으로 제국주의 위생의료체제는 식민지뿐만 아니라 본국조차도 콜레라에 효과적이지 못하다는 것을 드러냈다. 다섯째, 전염병 정보수집의 필요성을 인식했던 일본은 동아시아 각지에 위생국 방역관을 파견하고, 국제연맹 등을 통해서 싱가포르에 전염병정보국을 설치하는 등 전염병 정보를 독점하고자 했다.

만성전염병과 성병의 사회사

만성전염병(Chronic Epidemic Disease)을 대표하는 질병으로는 한센병, (폐)결핵, 성병 등이 있다. 이중 한센병은 외견상 쉽게 발견되는 특성 때문에 환자들이 공개적으로 자신들의 모습을 노출시키는 경우는 거의 없었다. 폐결핵은 사망원인 1·2위를 차지할 정도로 급성전염병의 위력을 능가하는 높은 사망률을 보였다. 성병은 사망률이 높지는 않았으나 높은 전염성과 2세에게까지 유전되는 치명성 때문에 사회적으로 주목을 받는 질병이었다. 그러나 폐결핵과 성병과 같은 만성전염병을 국가가 통제하는 것은 결코 간단치 않았다. 이들 질병은 병변이 겉으로 잘 드러나지 않는 데다 진단과 치료가 간단치 않았고, 개인적 질병으로 간주하는 경향이 강했기 때문이었다.

한센병

혼히 나병_{癩病}이라 불리었던 한센병(Leprosy; Hansen Disease)
은 노르웨이 의사인 한센G. Armauer Hansen(1841~1912)이 1874
년 원인균인 나균을 발견하였기 때문에 붙여진 이름이다. 한
센병은 나균이 말초신경과 피부에 침입하여 병을 일으킨다.
한센의 나균 발견으로 한센병은 유전이 아니라 전염병이라는
것이 밝혀졌으나, 유전병이라는 인식은 오랫동안 유지되었다.
한센병의 특징은 잠복기간이 몇 개월에서 수십 년에 달하기도
하며, 남성 발병률이 여성의 2배 이상에 달한다는 점이다. 주
로 호흡기 및 분비물 등을 통해 전염된다. 환자의 70~80%는
비교적 증세가 약하고 전염성도 낮다.

초기증상은 옅은 살색이나 붉은색 계열의 커다란 색점이
1~3개 정도 형성된다. 약간의 가려움증 이외에는 별다른 증
상이 없다. 신경약화, 근육마비 등으로 발전하여 손발이 잘려
나가도 알지 못한다. 1941년 항생제가 개발되었으며, 1981년
이후에는 값싸고 효과적인 항생제가 개발되었다.

한센병 역시 동아시아에서 로마제국으로 전해졌다는 혐의
를 받고 있으나 명시적인 근거는 없다. 구약성서 레위기 13~
14장에 한센병 환자에 대한 상세한 기록이 있는데, 기원전
1500년 전에도 한센병 환자들은 사회적으로 분리 혹은 격리
되었음을 알 수 있다. 아울러 한센병은 그 병에 걸린 사람들이
커다란 과오나 죄를 지었다는 것을 상징하게 되었다.

한센병이 기승을 부렸던 시기는 중세 말기였다. 1070년부터 1130년까지 한센병 환자 수용소가 급증하다가 1250년부터 1550년 사이에 서서히 사그라지기 시작하였다. 한센병이 사그라진 원인으로는 결핵균의 등장이 지적된다. 결핵균과 나균은 같은 미코박테리움 속屬에 속하는 유사균으로 결핵균이 득세하면서 나균이 약화되었다는 것이다.

동아시아에서 한센병에 대한 가장 오래된 기록 중의 하나는『황제내경』이고, 나병이라는 용어가 사용된 것은 4세기 거홍의 『주후방』에서였다(중국에서는 현재 마풍麻瘋이라는 용어를 사용한다). 한센병의 동아시아 전파경로는 정확히 확인할 수 없는데, 아마도 잠복기간이 긴 것과 관련이 있을 것이다.

주목할 만한 것은 조선에서 한센병 환자들은 외관상 구분이 어렵지 않기 때문에 집단 격리 생활을 하였고, 한센병 환자를 위한 별도의 치료시설이 운용되었다는 점이다. 『조선왕조실록』은 세종과 문종 시기에 한센병 환자들을 격리치료 및 수용하는 모습을 기록하고 있다.

근대국가시기에 한센병은 국가와 선교단체가 관리하는 대표적인 전염병이었다. 일본은 1907년 국가에 의한 한센병 정책을 시작하였다. 1931년에 '나예방법'이 제정되었는데, 이 법이 폐지된 것은 1996년이었다. 일본에서는 '나예방법'이 폐지되기까지 파시즘적 강제격리정책이 유지되었다. 이로 인해 21세기에 들어선 이후에야 '나예방법'을 통한 강제격리에 대한 배상소송이 진행되었고, 그 결과 1960년대 이후의 강제격리는 불법이라는 판결을 이끌어내기도 했다.

한국에서는 1916년 조선총독부가 한센병 환자 시설을 설치하였는데, 1954년과 1963년 '전염병예방법' 개정을 통해 강제격리는 공식 폐지되었다. 일제시기 일본에서는 국공립 한센병환자시설이 분산 설치되었으나 조선에서는 국립요양소를 한 곳에 집중시켰다. 소록도 요양소로 대표되는 일제의 한센병정책은 평생격리, 단종수술, 자의적 징계검속권, 감금실 독자운영, 요양소장에 대한 개인숭배 등의 유산을 남겼다. 한센병환자촌의 운영은 선교단체들이 활발하게 활동하던 분야였는데, 식민정부가 운영하는 폭압적 한센병정책과 선교의료의 한센병환자촌은 극과 극의 대비를 이룬다. 결국 일제는 태평양전쟁시기에 접어들자 환자집단부락을 소각하고, 기독교 시설을 폐쇄하였으며, 선교사들을 조선에서 축출하기도 했다. 해방 이후에는 재활정착촌이 활성화되어 100여 개 이상이 운영되어 왔다.[44]

대만에서 한센병 관리는 19세기 후반 선교의사들에 의해 시작되었고, 1930년 식민정부는 낙생원樂生院을 건립하였다. 베이징에서 한센병의 국가관리가 시작된 것도 1930년대였는데, 한센병은 전염병의원의 검진항목에 포함되어 있었으나 실제 검진내역은 한 건도 발견되지 않았다. 다만 사망조사를 통해 한센병 환자들이 존재했다는 정도(1936년도 사망자의 1.5%, 445명)만이 확인될 뿐이다. 이처럼 환자들이 잘 드러나지 않는 것은 한센병이 사회상 '천형天刑'으로 여겨져 외부세계에 자신들의 모습을 드러낼 경우 극도의 사회적 차별을 감수해야 했기 때문이었다. 심지어 한센병 환자들은 사살되어야 한다는 주장도 제기되었고, 실제로 일부 지방에서는 한센병 환자들이 군인들에 의해 총격을 당하기도 하였다.[45]

폐결핵

결핵結核(tuberculosis)은 하이델베르크에서 발견된 기원전 5000년 선사시대 사람의 뼈에 그 흔적이 남아있을 정도로 인류 역사상 가장 오래된 질병 중의 하나이다. 기원전 1000년 이집트 제21대 왕의 미라에서 결핵성 척추 카리에스가 발견되었고, 인도 베다시대에도 폐결핵에 관한 기록이 남아 있다. 고대 로마인들은 폐결핵을 유전병이라고 생각했고, 아리스토텔레스는 결핵이 공기를 통해 전염된다고 처음으로 주장하기도 했다. 중국에서는 수대 이후 폐로肺癆, 노점癆漸, 부족병不足病 등의 명칭으로 불렸다. 도시화가 급속하게 진행되던 르네상스 시대의 이탈리아에서 결핵은 가장 흔한 질병 중의 하나였다.

결핵이 다시 문제가 되기 시작한 것은 19세기 산업화의 진행과 관련되어 있다. 도시화·집단화 속에서 결핵이 만연하였고, 결핵은 산업화와 더불어 급증한 도시빈민층을 급습했다. 과중한 노동, 불결한 주거, 부적절한 음식물, 생리적이며 심리적인 스트레스가 결핵이 유행할 수 있는 최적의 조건을 제공했다. 중세기의 페스트가 전신을 검푸르게 변하게 하면서 사망에 이르게 한다고 하여 흑사병黑死病(Black Death)이라 불렸던 데에 빗대어, 19세기의 결핵은 백색 페스트(White Plague)라는 별칭을 얻었다.

20세기 이후에 결핵은 더욱 중요해졌다. 20세기 주요 사망 원인 중 1위 내지 2위를 차지했기 때문이다. 그러다보니 결핵은 사회문화적인 기호로서 적극 활용되었다. 1930년대 모더니즘 계열의 문학가들이 결핵을 문학적 기호로 즐겨 사용했는데, 그 대표적인 인물 중의 하나가 이광수李光洙(1892~1950)였다. 이광수는 그 자신이 결핵환자였는데, 그의 소설 속에 나오는 환자가 대부분 결핵환자였다. 이광수의 소설에서 결핵은 애정결핍·불안·고독을 상징하고, 이상과 현실의 갈등 혹은 육체적 쾌락의 요구에 대한 자기처벌적 성격을 가졌다. 대부분의 근대 소설 속에서 결핵은 사회경제적 그리고 환경적 요인과 결부되지 않았고, 개인의 성격을 묘사하는 데 활용되었다.

중국에서도 결핵은 지적 감수성, 낭만주의, 성적 욕구 등 개인적 욕망의 분출과 좌절을 극대화시키는 장치로 활용되었다. 대표적으로 소설가 딩링丁玲(1904~1986)의 『소피의 일기』(1928)를 들 수 있는데, 폐결핵환자인 소피는 퇴폐적이면서도 주체적인 여성의 자의식을 표현한다. 소피는 원래 혁명가적인 이미지를 대표하는 러시아의 소피아 페로브스카야Sophia Perovskaya를 모델로 한 것이다. 그러나 소설가 딩링이 표현하고 싶었던 인물은 활기 없고 까다로우며 병약하고 자기연민에 가득 차 있으면서 냉소적이며 정서적으로 불안한 인물이었다. 폐결핵은 이러한 인물설정에 최적의 모티브를 제공했다.

결핵의 원인균인 결핵균Mycobacterium tuberculosis은 1882년 코흐가 발견했다. 결핵균은 공기 중으로 감염되며, 접촉 및 태내에서도 감염이 이루어진다. 주요 증상으로 기침이나 가래가 있고, 미열이 수반된다. 잠잘 때 식은땀이 흐르고, 체중이 감소하며, 피로감·식욕부진·호흡곤란·객혈 등의 증상이 있다.

결핵의 종류는 생기는 시기에 따라 1차성 결핵(어린이)과 2차성 결핵(성인, 만성)으로 나누고, 생기는 부위에 따라 폐결핵과 폐외결핵(골관절결핵·임파절결핵·장결핵·콩팥결핵·부고환결핵·난소결핵·피부결핵 등)으로 나뉜다. 폐결핵은 결핵균이 폐에 침입하여 전신성 만성 소모성질병으로 나타나며, 결핵성 질병 중 가장 중요한 질병이다. 20세기 초까지 결핵하면 폐결핵을 의미할 정도였다. 폐결핵의 감염경로는 환자의 객담이 가루가 되어 코나 입으로 들어가 인후두·기관·기관지·폐로 침입하는 비말감염이 압도적으로 많다.

결핵의 진단은 코흐가 개발한 투베르쿨린 반응검사와 X선 검사 등이 사용되는데, 비용문제 때문에 1930년대까지도 X선 검사는 극히 제한적으로 사용되었다. 예방접종으로는 1906년 칼멧과 궤린이 개발한 BCG(Bacille Calmette-Guerin) 접종이 있다. 결핵치료는 증상을 완화하는 수준의 대증요법對症療法에 의존해 왔으나, 1943년 왁스먼Selman A. Waksman(1888~1973)의 스트렙토마이신streptomycin 발견 이후 근래에는 주로 항결핵제에 의한 화학요법과 때로 외과적 요법이 병행된다.

결핵환자 중에는 무자각성 환자가 많으므로 국가입장에서

완전격리에 어려움이 따르는데, 결핵을 예방하기 위해서는 충분한 영양공급과 깨끗한 환경을 필요로 한다. 결핵을 후진국병이라고 일컫는 것은 이러한 이유 때문이다. 2005년 우리나라는 OECD(경제협력개발기구) 국가 중 결핵환자 보유율 1위를 차지하였다.

일제시대 한 분석에 따르면, 조선인의 폐결핵 환자 수는 1915년 전체 인구의 6.7%, 1925년 12%, 1930년 25%, 1934년 28%로 점차 증가했다. 1934년 일본인 폐결핵 환자가 전체 인구의 13.7%로 헝가리, 오스트리아에 이어 당시 세계 폐결핵 순위 3위였는데, 조선인은 일본인에 비해 2배 이상 많았다. 헝가리와 오스트리아가 전쟁 여파로 폐결핵이 많았던 것을 고려하면 조선인의 폐결핵은 가히 세계 최고 수준이었다.[46]

성병

성병은 VD(Venereal Disease) 혹은 STD(Sexually Transmitted Disease)라고 하는데, 그 명칭이 말해주듯 주로 성적인 접촉을 통해서 전염되는 질병이다. 최근 국내의 한 조사에 의하면 그 전염경로는 성행위(82.2%)・수혈(2.9%)・수직감염(0.2%) 등인데, 실제로 성행위에 의한 전염이 압도적으로 많다. 대표적인 성병에는 매독梅毒(syphilis)・임질淋疾(gonorrhea)・연성하감軟性下疳(chancroid) 등이 있으며, 최근 서혜림프육아종(제4성병)・후천성면역결핍증(AIDS, Acquired Immune Deficiency Syndro- me)・클라

미디어chlamydia 등이 부각되고 있다. 최근 통계에 의하면 2001
~2003년 한국에서 매독은 96.4%, 클라미디아는 무려 803% 증
가하였는데, 여성감염자가 급증하는 추세이다.

일반적으로 성병하면 매독과 임질을 떠올릴 정도로 매독과
임질은 20세기까지 성병을 대표했던 질병이었다. 매독과 임질
이 구분되기 시작한 것은 1812년 헤르난데즈J. F. Hernandez에
의해서였고, 중국에서는 1860년대에나 가능한 일이었다. 매독
은 트레포네마 팔리디움Treponema pallidum이라는 스피로헤타균
에 의해 발생된다. 임질균은 1879년 나이서A. L. S. Neisser(1855
~1916)에 의해 발견되었고, 매독의 병원체는 1905년 독일의
샤우데인과 호프만이 스피로헤타라는 미생물에 의해 유발된
다는 것을 확인했다.

매독은 피부·점막 및 내부 장기에 매우 다양한 병변을 일
으키는데, 일반적으로 매독의 병변에는 소양증이나 통증 등의
자각 증세가 없다. 매독은 선천성 매독과 후천성 매독으로 나
뉘며 후천성 매독은 1기(2~5주)·2기(6주~3달)·3기·잠복기(조
기, 후기) 매독·신경 매독 등으로 나뉜다.

매독 검사법은 1906년 바서만A. Wassermann(1866~1925)에
의해 개발되었는데, 제2기(6주~3달)에 확인이 가능하다. 매독
의 치료법으로는 인도에서 수입한 유창목으로 훈증하는 요법
이 있었으나, 동서양에서 일반적으로 행해진 치료법은 수은치
료였다. 수은치료의 문제점은 치료가 매우 고통스럽다는 데 있
었다. 1908년 면역학 연구로 메치니코프I. I. Mechinikov (1845~

1916)와 노벨 생리의학상을 수상했던 파울 에를리히P. Ehrlich
(1854~1915)는 1910년 606(Salvarsan), 1912년 909(Neo-Salvarsan)
등 비소화합물에 의한 매독치료제 개발에 성공했다. 살바르산
의 개발은 '마법의 탄환'이라는 별칭을 얻을 정도로 매독치료
에 있어 획기적이었다. 매독치료에 혁신을 가져온 페니실린과
설파닐아미드는 제2차 세계대전 이후 개발되었다.

20세기 초 중국에서는 매독의 기원을 두고 논쟁이 일었다.
매독이 중국 고유의 것이냐 아니면 서양에서 유입된 것이냐
하는 것이었다. 선교의사들은 중국에서 성병은 매우 오래된
질병이며, 서양의 것보다 악성이라고 지적했다. 이에 대해 중
국인 서양의사들은 임질은 『황제내경』 이래로 중국에서 오래
된 질병이지만, 매독은 서양에서 유입된 것이라고 주장했다.
선교의사들은 매춘의 존재가 성병의 만연을 반증하는 것으로
사회경제적 요인보다 도덕적 나약함에 문제가 있다고 호소했
다. 매독의 기원 논쟁은 매춘논쟁으로 발전하였으며, 선교의
사들과 여권운동가들이 결합하여 상하이(上海) 등지에서 폐창
을 주장하기에 이르렀다.

매독의 기원에 대해서는 유럽에서도 뜨거운 논쟁이 있었다.
임질은 구약시대나 그리스 로마시대의 기록이 존재하지만, 매
독은 증거가 불충분하다. 현재 유력하게 거론되는 것은 아메
리카 기원설로, 아메리카 원주민의 유골조사에서 매독이 확인
되었는데 콜럼버스가 이것을 유럽에 전파했다는 것이다.

매독의 기원이 본격적으로 문제가 되었던 것은 1494년 프

랑스 샤를르 8세의 이탈리아 원정에서였다. 프랑스 군대가 나폴리를 점령했을 때, 프랑스 군대와 이탈리아 군대에서 매독이 크게 유행하였다. 프랑스인들은 이 병을 나폴리병이라고 불렀고, 나폴리인들은 프랑스병이라고 불렀다. 사실 매독은 스페인 출신의 프랑스 용병이 퍼뜨린 것이었다. 이후 이 병은 1495년에는 독일·프랑스·스위스에 출현했고, 1496년에는 네덜란드와 그리스에, 1497년에는 잉글랜드와 스코틀랜드에, 1499년에는 헝가리·폴란드·러시아에 유행했다.

영국에서는 두창(smallpox)과 구분하기 위해 매독을 태창太瘡(greatpox)이라 불렀다. 이탈리아 의사인 프라카스토로G. Fracastoro는 그리스 신화에 나오는 미모의 양치기 소년인 시필리스가 아폴로 신의 저주를 받아 병을 얻게 되었다는 내용의 라틴어 시 '시필리스 또는 프랑스병Syphilis sive Morbus Gallicus'(1530)을 발표하였는데, 시필리스라는 명칭은 여기에서 비롯된 것이다. 19세기의 베토벤과 슈베르트 등이 유명한 매독환자였다.

매독은 1498년 인도로 전파되었고, 1505년 중국 광둥에 유입되었다. 중국에서는 매독을 처음에는 광둥창(廣東瘡), 양매창楊梅瘡이라 불렀는데, 광둥창은 유래된 지역을 뜻하고 양매창은 표면적인 증상이 소귀나무 열매와 같은 병변을 나타낸 것에서 유래한다. 이수광의 『지봉유설』에서는 1510년을 전후하여 중국과 조선에 매독이 유행하였다고 서술하고 있는데, 병자호란시기의 소현세자昭顯世子(1612~1645)가 중국에서 전염되어 온 적이 있었다. 일본에는 1512년에 전파되었다.

임질의 원인균은 1879년 나이서가 처음 발견했다. 임질의 유일한 자연 숙주는 인간이며, 보균자와 성교 후 2~10일 사이에 초기증상이 드러난다. 남성의 5~10%, 여성의 60~90%가 증상을 느끼지 못한다. 우리나라에서는 세종대왕이 임질환자였던 것으로 유명하다.

매독 기원 논쟁을 통해 서의西醫들은 매독은 유럽에서 기원한 것이고, 임질은 중국 고유의 것이라고 인정했다. 그런데 사실여부를 따져보면 매독이 유럽에서 기원한 것은 거의 틀림이 없고, 임질이 중국 고유의 것인지도 좀 더 따져볼 필요가 있다. 동아시아에서 임질은 병변만을 나타낸 것이지, 실제 원인균이 서양에서 말하는 Gonorrhea와 동일한 것이었다는 증거가 없기 때문이다. 임질이 대상포진류일 가능성도 제기된다.

에이즈 환자가 처음 보고된 것은 1981년이었다. 1983년에는 원인균인 HIV(human immunodeficiency virus)가 발견되었으며, 우리나라에 첫 환자가 보고된 것은 1985년이었다. 1987년 에이즈 진단기준(CDC)이 발표된 이래, 2000년 말 현재 전 세계적으로 HIV 감염환자는 3,610만 명이며, 현재까지 2,500만 명 이상이 사망한 것으로 추정된다.

에이즈는 2005년 12월말 현재 우리나라에서 누적 감염자 3,829명, 사망 721명, 생존 3,108명으로 알려져 있다. 2005년 한 해 동안 680명이 새로 발견되었으며, 이는 전년(610명) 대비 11.5%가 증가한 것이다. 주요 연령층은 20~40대(526명)로 전체의 77.3%를 차지한다. 감염경로가 밝혀진 477명 모두 성

접촉(이성 간 접촉 226명, 50.2%·동성 간 접촉 224명, 49.8%)에 의한 감염이었다.[47)

최근 중국·베트남·인도네시아 등 아시아 지역에서 에이즈가 급속히 확산되고 있는데, 매년 50만 명 이상이 에이즈로 인해 사망하는 것으로 추산되고 있다. 유엔 에이즈 프로그램(UNAIDS)의 조사에 의하면, 2004년 8월 현재 중국에서는 84만 명의 에이즈 환자가 있으며, 실제 보고되지 않는 수치를 감안하면 150만 명에 이를 것으로 추산하고 있다. 같은 조사에 따르면 베트남 22만 명, 인도네시아 11만 명이며, 일본은 1,200명 수준이다.[48)

20세기 초의 성병 통계는 매우 다양하다. 중국의 경우 내원 환자의 2.5~50%까지 성병환자로 나타난다. 1913~1925년 북만주 일대 5개 병원에서 2.9~8.1%로 평균 6.4%의 매독환자 비율을 보였다.[49) 또 다른 통계는 상하이 산둥로 병원과 상하이 제너럴 호스피탈에서 장기간에 걸쳐 조사한 것인데, 각각 외래환자의 9.1%와 6.6%가 성병환자로 판명되었다.[50) 흥미롭게도 이 수치는 비슷한 시기(1917~1919)에 한국(조선인: 6.2%, 일본인: 7.0%)과 일본(5.2%)에서 각기 조선총독부와 일본정부에서 15만 명 이상의 일반 환자를 대상으로 행해진 조사결과와 비슷하게 나타난다.[51)

성병은 도시와 농촌의 발병률이 현저하게 차이가 나며, 남성과 여성은 6:4 내지 7:3의 비율을 보인다. 환자는 20~30대 연령에 집중되어 있으며, 직업적으로는 군인·경찰·상인 등이 압도적으로 많았다. 사창가 출입은 군인들의 주요 레저활동 중 하나였고 경찰은 정기적으로 성 상납을 받았으며, 상인들의 중요거래는 사창가에서 행해졌다. 학생들은 20세기 초 신문물의 유입과정에서 성 개방 풍조에 물들어 있었고, 음란서적도 손쉽게 노출되어 있었다.

1920년 콘스J. H. Korns는 베이징지역 400명의 하인들을 조사하였는데, 평균 11%의 발병률을 보였다. 그중 결혼한 남성(218명 중 13.3%)은 미혼남(83명 중 10.8%)보다 매독에 걸린 자의 비율이 더 높았다. 이는 결혼이 성병의 보호 장치가 되지 못하며 오히려 여성(3.3%)에게 성병을 전염할 수 있는 계기로 작용할 수 있음을 의미한다.[52] 이 조사에서 콘스는 집에서 12마일 이내에서 일하는 기혼남의 발병률이 10.9%(128명 중 14명)인 데 비해 12마일 이상 떨어져 있는 기혼남은 18.8%(90명 중 17명)의 발병률을 보인다는 것을 통해서 직장과의 거리가 매독 발병률에 미치는 영향을 분석한 자료를 제시했다.[53]

동아시아 성병사 연구자들의 공통적 인식 중의 하나는 동아시아인들이 성병의 위협에 무감각했고, 의사들조차도 성병에 무관심했다는 것이다. 이것은 일종의 오리엔탈리즘적 시각이라고 볼 수 있다. 오히려 많은 자료들은 20세기 동아시아인들이 성병에 매우 민감했음을 보여주는데, 이 때문에 음성적인 성병 치료제가 난무하였고, 일부 의사들은 성병 치료를 빌미로 환자들로부터 폭리를 취하기도 했다.

근대 위생의료체제

위생이란 무엇인가

'위생衛生'이라는 개념은 1874년 일본 서양의학의 선구자이며, 메이지정부의 내무성 초대 위생국장을 지낸 바 있는 나가요 센사이長與專齋(1838~1902)에 의해 창안되었다. 미국과 유럽문명을 배우기 위해 구성된 이와쿠라 사절단의 일원이었던 나가요 센사이는 구미시찰 중 영미의 'Sanitary'나 'Health'와는 다른 독일의 'Gesundheitspflege(공중위생)' 개념을 접하고 그것이 단순히 개인의 건강보호가 아닌, 특정한 행정조직을 통하여 국가가 국민일반의 건강보호를 책임지고 있는 것임을 발견하였다. 그는 이를 위생이라는 용어로 번역했는데, 그것에는 국가의 적극적 개입이라는 의미가 포함되어 있었다.

한말 조선에서도 위생은 부국강병을 위한 유력한 방안으로 서 김옥균金玉均(1851~1894), 박영효朴泳孝(1861~1939), 유길준兪吉濬(1856~1914) 등 개화파에 의해 주목받기 시작했다. 박영효 등 수신사 일행을 따라 일본여행 중이던 김옥균은 박영효 등과 정사를 논하다가 치도의 필요성을 인식하고 박영효의 요청에 따라『치도약론治道略論』(1883)을 저술하였다.『치도약론』은 "각국의 가장 요긴한 정책을 구한다면, 첫째는 위생이요, 둘째는 농상이요, 셋째는 도로이다. 이 세 가지는 아시아 성현의 치국의 법도와도 다르지 않다"라고 하였는데, 위생의 강구, 전염병예방, 농업의 발전을 위해 치도의 필요성을 강조하였다. 박영효는 1883년 귀국직후 오늘날 서울시장에 해당하는 한성부판윤漢城府判尹에 임명됨으로써『치도약론』을 실행에 옮기기도 하였다. 유길준은 한발 더 나아가 위생관사衛生官司 설립 등 국가적 통제를 통한 체계적인 위생행정의 수립에 관심을 가졌다. 유길준의 위생은 질병예방을 위해 국가의 개입을 정당화하는 것이었다.

한 사람의 양생은 그 사람의 행실과 지식에 있지만, 한 나라의 양생은 그 규모와 권세가 그 나라 정부에 있기 때문에, 정부가 그 직분을 수행하기 위해서 위생관사를 설치하고, 그 비용은 인민이 낸 세금으로 충당한다. 군읍 등의 지방마다 이러한 위생기관이 없는 곳이 없다. 도로를 청결히

하는 일은 정부가 시행하며, 혹 전염병이 유행하면 소독약을 뿌려 예방하고, 환자를 이송할 때에는 정부에서 환자 이송용 차량을 준비하여 호송하되, 소독약을 그 차에 뿌려서 지나가는 길에 그 더러운 기운이 퍼지지 않게 한다. 또 병자의 집이 길가에 있어서 차들이 지나가는 시끄러운 소리를 듣기 싫어한다거나 잠을 잘 수 없으면, 정부가 역시 그 집 근처에 톱밥이나 가는 모래같이 부드러운 것들을 뿌려 주기도 한다.[54]

중국에서 위생이라는 말은 『장자莊子』「잡편·경상초」에 처음 나오는데, 『장자』에서 말하는 위생은 자연의 도에서 벗어나지 않고 순응하는 일종의 양생법을 가리킨다. 위생은 글자 그대로만 보면 생명을 보위한다는 뜻인데, 중국 고대에는 양생養生, 도생道生, 섭생攝生, 양성養性 등과 혼용되어 사용되었다. 그 중 인간의 생명을 보양한다는 것을 의미하는 양생은 전통사회의 대표적인 위생론으로 간주되어 왔다. 양생은 본래 도교에서 연단술과 함께 불로장생을 위한 대표적인 방법으로 사용된 것인데, 신체단련을 통한 건강증진과 질병예방을 도모하는 것이어서 도교의 전유물만은 아니었다. 양생을 통해 부모로부터 물려받은 신체를 건강하게 유지하는 것은 유교적 교양을 갖춘 지식인들에게도 빠질 수 없는 덕목이었다.

양생의 방법과 범위는 음식·기거·복식 이외에 정신·환경·수면·방사·운동·오락·약물 등 의식주를 포함한 일상생활 속의 거의 모든 분야를 망라한다. 일상생활 속의 양생법은 전문지식보다는 간단한 심신수련을 통해 도달할 수 있는 것이어서 의료혜택을 받기 어려웠던 대중들의 관심 대상이었다. 19세기 말 서양의 위생이 중국에 본격적으로 소개되기 전까지 중국에서 위생은 근대적 개인위생의 범위 중에서도 장생이나 보신 등을 위한 추상적이면서 제한된 목표에 한정되어 있었다.

1895년 청일전쟁에 관한 보도를 통해 일본의 위생이 중국에 소개되었지만, 중국인들은 새로운 위생에 대해 미심쩍은 시선을 보내고 있었다. 점차 서양의 위생에 대한 기대 섞인 전망도 나왔는데, 주로 개인위생 차원에 한정되었던 위생논의가 공중위생 그리고 위생에서 국가의 역할이 필요하다는 논의로 전환되었다. 아울러 20세기 초 위생은 입헌의 기초로서 강국强國과 강종强種이 되기 위한 국민교육의 핵심으로 부상되기 시작하고, 위생행정이 필요했던 국가의 지원과 사회개혁과 근대문명의 대표자로서 사회적 지지를 받기 시작했다.

새로운 위생론의 확산에 따라 전통적 양생론과 새로운 위생론이 양립할 여지는 점차 줄어들었다. 특히 중의中醫와 서의西醫는 근대적 위생의료체제 건설이라는 새로운 돌파구를 찾기 전까지는 위생에 대한 날카로운 대립각을 형성하고 있었다. 중의는 개인위생을 중시했지만, 그들의 위생인식 중에는 국가의 개입을 부분적으로 지지하거나 국가의료를 구상하는 데까지 나아간 것도 있었다. 이는 국가의료가 서의의 전유물만은 아니었다는 것을 보여준다는 점에서 주목할 만하다. 서

의는 공중위생의 중요성을 강조하고 있었고, 1910~1911년
만주 페스트 방역을 계기로 정부요직에 중용되기 시작했다.
1928년 난징국민정부 성립 이후로는 서의가 중앙과 지방의
위생행정을 장악하면서 중의가 국가의 위생행정에 장애가 된
다는 점을 들어 중의폐지를 공식 제안하기에 이른다. 이른바
중서의논쟁中西醫論爭이 본격화되었는데, 이를 통해 중서의
모두 근대적 위생의료체제 건립의 필요성과 적극적인 대응의
필요성을 공감하게 되었다.

국가 위생의료체제

동아시아 근대세계의 위생의료체제는 운영주체에 따라 국
가·제국주의(식민당국)·지역 위생의료체제 등 세 가지로 분류
할 수 있다. 이 세 가지 위생의료체제가 상호경쟁하고 타협하
는 과정에서 각국의 위생의료체제가 형성되었다. 이러한 설명
방식은 동아시아의 위생의료체제가 단순히 전통적 위생의료
체제에서 서구적 위생의료체제로 전환되었다는 근대화론적
사고방식에서 벗어나 보다 다양하고 역동적인 역사상을 구성
하게 하는 장점이 있다.

먼저 국가 위생의료체제를 살펴보면, 국가 위생의료체제는
역사상 독립적 주권을 가진 모든 근대국가가 추구했던 위생의
료체제이다. 그런데 근대국가가 이상적으로 추구하던 것과 현
실적으로 가능했던 것과는 일정한 거리가 있다. 필자는 그것

을 국가의료와 국가 주도적 위생의료체제와 구분하고자 한다.

국가의료國家醫療(State Medicine)는 "개인의 지불능력과 상관없이 예방 및 치료의학의 모든 가능성을 공동체의 모든 성원에게 부여하는 것, 즉 국가가 사회적 예방의학과 임상적 치료의학·의료인·모든 형태의 설비 제공 등 모든 의료업무에 대해 책임을 지는 것"으로 정의할 수 있다. 말하자면, 국가의료는 질병의 예방과 치료에 관한 모든 것(인력·재정·시설)을 국가가 책임지는 것을 의미한다.

국가의료는 19세기 서양에서 지방분권적인 위생행정을 타파하고, 위생행정에 예방과 치료에 관한 전문적인 의료행정을 접목시키는 것에서 기원한 것이었다. 20세기 이후 독일과 일본 등지에서 주목받았으며, 1930년대 베이핑시 정부(北平市政府)가 국가의료를 실행한 대표적 사례였다.

위생행정의 궁극적 지향점으로 평가받는 국가의료는 대체로 네 가지 분야로 구성된다. 생사통제·질병통제·환경위생·위생교육 등이 그것이다. 생사통제는 출생통제와 사망통제를 가리키고, 질병통제는 주로 전염병통제를 의미한다. 환경위생에는 상하수도 관리·쓰레기 처리·분뇨 처리·식품 관리·도로청결·공공시설 관리 등이, 위생교육에는 학교위생·공장위생·위생운동대회·위생진열실·대중위생강연 등이 포함된다.

근대사회에서 출생과 사망이 발생하면 전문의료인의 확인 절차를 거쳐 해당 가족은 국가기관에 출생 및 사망신고를 하게 된다. 요컨대 국가가 전문의료인을 매개로 출생과 사망에 개입하는 것이다. 그런데 20세기 초까지만 해도 중국인의 대다수는 개인의 출생과 사망 등을 국가기관에 신고하는 것 자체를 신기한 일로 여겼다. 전통사회에서 출생과 사망에는 단순히 생사여부를 확인하는 것 이상의 신성한 절차를 필요로 했고, 그 절차는 국가가 아닌 산파産婆와 음양생陰陽生이라는 특수한 신분을 가진 사람들만이 주관할 수 있는 일로 여겨왔다. 예컨대 베이징 사람들은 인생에 양대 대사가 있는 것으로 여기고 있었는데, 그 하나가 생후 3일째에 하는 '세삼洗三'이었고, 다른 하나는 사후 3일째 하는 '접삼接三'이었다. 각각은 산파와 음양생이 주관하는 행사였다. 세삼은 일종의 세례의식으로 전생에서 가져온 때를 씻어내어, 현세에서 평안하고 길하라는 뜻에서 행하는 의식이었다. 접삼은 사망자를 다음 세상으로 보내기 위한 준비의식이었다. 본래는 사후 3일째 하는 의식이었지만, 대개는 사망자의 영혼을 불러들이기 위해 발인 전날 실시하였다. 이러한 의식에 일반인은 물론이고 국가권력이 개입할 여지는 없었다.

그러나 근대국가는 국가건설에 필요한 국민의 양성에 최우선 과제를 두고 있었고, 국민의 양성은 개별 신체에 대한 훈육과 통제를 통해서 달성할 수 있는 것이었다. 특히 선진 각국 수준의 출생률과 사망률에 도달하기 위해서는 국가권력 차원에서 생사통제를 강화할 필요가 있었다. 전통사회에서 없어서는 안 될 사회적 존재였던 산파와 음양생은 근대국가 건설시기의 낙후된 생사통제 시스템을 대표하는 존재였을 뿐 아니라

근대국가의 신체에 대한 훈육과 통제를 방해하는 존재로 여겨졌다. 그에 따라 그들을 대체할 수 있는 의사와 간호사 등 전문의료인력을 양성하는 일이 시급한 과제로 부상하였다. 그러나 현실적으로 그것을 위해서는 시간·재정·인력 등 급조하기 어려운 요인들이 존재하고 있었기 때문에 단

베이징의 산파와 세삼洗三 의식.
전통적인 산파는 신생아 출산이라는 의료기능보다는 세삼과 같은 의식을 통해 신생아의 사회적 지위를 확정하는 사회기능에 충실하였다.

기적으로 대처할 수 있는 방안이 필요했다. 그 방안이 바로 국가가 관리하는 조산사助産士와 통계조사원統計調査員이었으며, 그들의 존재가치는 산파와 음양생의 역할을 완전히 대체하는 데 있었다.

산파 및 음양생이 주축이 된 전통사회의 생사통제와 의사 및 간호사가 주축이 된 근대사회의 생사통제에는 분명한 차이가 존재했다. 산파와 음양생은 정식으로 의학교육을 받은 적이 없었기 때문에, 출산 시 감염·출혈·난산 등에 대처할 능력이 없었고, 정확한 사망원인을 규명할 수 없었다. 예컨대 1935~1940년 베이징근교에서 행해진 사회조사에 의하면, 산

파 및 음양생은 영아 사망원인의 100%가 경련이라고 진단했고, 성인 사망원인은 대부분 노환으로 인한 것이라고 결론지었다. 경련과 노환은 전염병 혐의가 없는 것이어서 사망원인을 진단하는 쪽(산파와 음양생)이나 사망원인을 알고 싶어 하는 쪽(가족 혹은 경찰) 모두에게 편리한 것이었다.

그러나 근대국가의 입장에서는 이와 같은 주먹구구식 사망원인 조사로는 합리적인 인구관리 및 정책수립이 불가능했을 뿐만 아니라 전염병에도 대처할 수 없었다. 실제로 1936년 의사 및 간호사에 의한 사망원인 조사에 따르면, 영아의 사망원인은 조산 및 신체허약에 뒤이어 호흡기질환이 주요 사망원인이었고, 성인의 사망원인은 호흡기질환-폐결핵-노환 및 중풍 등의 순이었다. 이러한 조사결과는 산파 및 음양생의 사망원인 조사와는 분명한 차이를 보여준다.

따라서 산파 및 음양생을 의사 및 간호사로 대체하는 것은 매우 시급하고 중요한 과제였다. 그러나 짧은 시일 내에 이들을 대체하는 것은 간단한 일이 아니었다. 이 때문에 과도기적인 존재로서 급부상한 것이 통계조사원과 조산사였다.

통계조사원은 중학교 졸업 이상의 학력을 요구했으며, 교육과정은 수업 1개월, 실습 1개월 등 비교적 단기교육과정으로 편성되었다. 수업내용은 전염병·생명통계·환경위생·세균학·병리학·회화·공공위생·위생법규 등이었다. 통계조사원의 주요업무는 출생 및 사망보고와 전염병상황을 보고하는 것이었다. 1934년 통계조사원 활동 이후 베이핑시의 출생 수는 매년

[1936년 베이핑시 통계조사원]
근대적 생사통제의 전환기에 통계조사원은
음양생에서 의사로 넘어가는 과도기적 역할을 수행했다.

300~400명씩 증가하였다.[55]

그 밖에 산파를 근대적인 전문의료인력으로 탈바꿈시키기 위해 조산학교 및 산파훈련소 등을 설치하여 구식산파를 개량하는 데 전력을 기울였다. 국립조산학교 출신 조산사들은 대부분 국가 위생기관에서 근무하였으며, 개업조산사는 극히 소수였다. 아울러 베이핑시 정부는 각 지역에 위생구사무소衛生區事務所를 설치하였고, 위생구사무소를 통해 산모에 대한 정기검진을 강화하면서 출산통제를 강화해 나갔다. 위생구사무소는 산전 및 산후 각각 10여 차례의 정기검진을 목표로 했는데, 실제로는 3차례 정도 실시되었다.[56]

베이핑시 정부의 전염병통제는 법정전염병에 대해서는 전염병 발생 이전에는 위생구사무소를 중심으로 예방접종을 실시하고, 전염병발생 이후에는 전염병의원에 격리 수용하는 정책이었다. 예방접종은 접종효과가 매우 높은 두창에 대해서 하나의 위생구에 십수 개의 종두지점을 설치하여 전방위적으로 집중적으로 실시되었으며, 콜레라·티푸스·디프테리아·성홍열 등에 대해서도 예방접종이 실시되었다. 국가의료를 실시한 베이핑시 정부의 전염병통제의 특징 중의 하나는 성병 및 폐결핵과 같은 만성전염병에 대해서도 통제를 실시했다는 점이다. 만성전염병은 사회적으로 개인적 질병이라는 인식이 강했고, 표면적으로 병변이 잘 드러나지 않기 때문에 전염병통제에 어려움이 많았다. 그럼에도 불구하고 베이핑시 정부는 만성전염병에 대한 통제를 강화해 나가고자 하였다. 그 결과 폐결핵, 성병과 같은 만성전염병 역시 국가의료의 범위에 포함되었으며, 격리병동의 확대, 기녀 및 산모 등 특정계층에 대한 적극적인 질병통제가 확대될 수 있었다.[57] 그 밖에 베이핑시 정부는 환경위생·위생교육 등에서 시정부가 직접 운영하거나 관리감독을 강화하여 한편으로는 대민서비스를 제공하고 다른 한편으로는 정부통제를 강화해 나갔다.

사실 1930년대 베이핑시 정부에서 이와 같은 위생행정의 궁극적 지향으로 지칭되는 국가의료가 실천 가능했던 것은 베이핑시만의 독특한 사회조건이 작용했기 때문이다. 첫째, 베이핑협화의학원(北平協和醫學院) 및 베이핑협화의원(北平協和醫院)의 역할을 지적하지 않을 수 없다. 베이핑협화의학원과 베이핑협화의원은 국가의료의 이념·교육·인력·설비 등을 지속적으로 지원함으로써 위생국이 위생개혁을 지속적으로 추진할 수 있는 든든한 후원자가 되었다. 둘째, 위생개혁을 통해 시정개혁을 추진하고자 했던 베이핑시 정부의 의지 또한 강력하였다. 무엇보다 베이핑시의 위생행정은 단순히 문명과 계몽을 달성하는 수단뿐 아니라 위생행정이 재정개혁의 일익을 담당하여 시정건설의 견인차 역할을 담당했다. 마지막으로 지적할 수 있는 것은 여론의 역할이다. 베이핑시 정부의 위생개혁에는 시민과 여론의 강력한 지지가 바탕이 되어 추진되었고, 개혁주체의 변경에도 불구하고 위생개혁이 퇴조하지 않았던 것은 여론의 역할 때문이었다.

국가 주도적 위생의료체제는 이념적으로나 현실적으로 국가의료와 같은 강력한 형태로 의료서비스를 제공하면서 국가개입을 실현하지는 못하지만, 의료영역에 대한 국가개입을 최대한 확보하고자 하였다. 이는 사실상 근대국가를 지향하는 거의 모든 국가에서 찾아볼 수 있는 형태이다. 대한제국 역시 국가 주도적 위생의료체제를 건립하고자 하였다.

개항 이후 콜레라 등 전염병의 유입 가능성이 높아짐에 따라 1883년 해관海關이 설치되었지만, 그 활동은 1885년 광혜원廣惠院 설립에 결정적 역할을 했던 알렌H. N. Allen(1858~1932)이 해관 총세무사 부속 의사로 촉탁되면서부터였다. 1886년 콜레라가 유행하자 조선정부에서는 개항장에 설치된 일본인 검역소에 조선 관리를 파견하여 검역 사무에 관여하기 시작하였다. 1886년 외국 선박을 검역할 수 있는 법규로 '온역장정瘟

疫章程'을 제정하였다. 그러나 외국 공사관에서는 검역의 취지 자체에는 공감하면서도 병선의 검역 여부, 규제 대상이 되는 질병의 범위, 소독 행위의 시행 여부, 검역 착수를 위한 전염지 선포 등과 관련하여 이의를 제기하여 다소의 논란이 있었다. 1899년에 마련된 본격적인 검역관련 법규인 '검역정선규칙檢疫停船規則'은 지방 검역국의 설치, 검역국의 행정관리와 의사의 활동, 피병원의 설치와 운영, 소독 활동 등 제반 검역 사무 기구 및 기관의 내용을 분명히 하였다. 이는 1899년 일련의 전염병 관련 규칙의 반포와 함께 법률적으로 세균설에 입각한 세련된 전염병 예방 체계가 완성된 것을 의미하였다. 그러나 이 규칙은 검역항구를 개항장으로 국한하였고, 콜레라만을 검역대상으로 하였다는 점에서 제한적인 것이었다.[58]

국내에서 유행하는 전염병에 대한 방역활동이 본격화된 것은 1894년 갑오개혁 이후였다. 조선정부는 근대적 위생의료체제를 건립하기 위해서 위생행정기구 및 법규를 정비하고, 병원 및 의학교육을 제도화하는 것이 필요하였다. 이를 위해 중앙에 위생국이 설치되었고, 지방의 위생행정은 경찰이 담당하도록 하였다. 그러나 실제로 지방차원에서 위생행정이 운용되지는 않았다. 의학교육은 1904년 4월 광제원廣濟院 원장 장용준張容駿(1867~?) 등이 대한의학교의 창설을 청원하고, 만민공동회 및 지석영 등에 의해 의학교 설립 청원이 행해졌는데, 모두 동서의학을 병용하자는 주장이었다.

1899년 '의학교규칙'이 반포되었는데, 그 내용은 서양의학

위주였다. (관립)의학교 초대 교관으로 일본인 서양의사 후루시로 바이케이(古城梅溪)가 임용되어 사실상 의학교의 교육방향은 일본편향일 수밖에 없었다. 의학교 졸업생들은 광제원과 같은 대민의료기관에 보내지지 않고 일차적으로 군의軍醫로 활용되었다. 군의 내에서도 서양의학을 공부한 의학교 출신이 한의사보다 우대를 받았다. 정부 안에서도 한의학의 효용성을 주장하는 중추원中樞院과 서양의학의 우월성을 제기하는 학부學部 사이의 이견이 있었는데, 한의학의 비판적 계승보다는 서양의학의 수용 쪽으로 선회하고 있었다. 병원운영은 이와 달랐다. 1899년 관립의학교의 임상실습과는 무관하게 내부병원內部病院이 설립되었는데, 내부병원의 의사 15명 중에서 종두의 10명을 제외하고 모두 한의사였다.

의학교육과는 달리 실제 임상에서는 한의학이 우위에 있었다. 그러나 한의사들이 한약만을 투여한 것은 아니고, 오히려 양약을 투약하는 경우가 더 많았다. 1900년에는 내부병원을 광제원으로 명칭을 변경함으로써 대민구료기관으로서의 성격을 명시하였다. 광제원은 1902년 각 지방의 콜레라 방역을 위해 912명의 사무위원을 임명하기도 하였다. 아울러 의사·약제사·약종상 등에 대한 자격기준을 제시하였는데, 의사는 의학교 졸업자와 자격시험 통과자로 제한하였다. 대한제국의 의학교육은 동서의학의 병존을 지향하면서 서양의학 위주였으나, 대민의료 활동에서는 한의학 위주였다고 평가할 수 있다.

대한제국 최초로 제정된 법규는 '검역규칙檢疫規則'(1895. 5)

인데, 콜레라를 포함한 전염병의 방역을 위해 필요한 항구에서 검역 및 정선을 실시한다는 내용이었다. 아울러 '호열자병예방규칙' '호열자병소독규칙' 등이 제정되었다. 특히 방역과정에서 경찰의 역할이 중시되었다. 그러나 경찰의 역할은 구체적인 실무차원에 국한된 것이고, 방역과 관련된 정책적 협의는 지방장관 및 단체장 등을 정점으로 하는 지방 행정조직을 통해 이루어졌다. 1899년 '전염병예방규칙傳染病豫防規則'을 통해 6종의 법정전염병이 제정되었는데, 의사의 우선적인 신고대상은 경찰이 아니라 동임洞任이라 불리는 지방행정 조직의 하부단위였다. 대한제국은 중앙집권적인 국가체제를 지향하면서도 지방의 자치적인 특성을 유지하는 조치를 병행하였고, 각 지역사정에 밝은 인사들을 방역활동에 끌어들이고자 하였다. 이는 경찰보다는 지방 행정조직을 중심으로 방역체계를 구성하려는 대한제국의 의도가 반영된 결과였다.[59]

제국주의 위생의료체제

제국주의 혹은 식민지 위생의료체제는 제국주의 각국이 식민지에서 실천했던 위생·의료 방면의 지식 및 제도를 가리킨다. 보통 제국주의 의료(Imperial Medicine), 식민지 의료(Colonial Medicine) 등으로 지칭된다. 전자는 선진 의료를 식민지에 이식하는 제국주의 각국의 주체적 입장을 강조한 것이고, 후자는 식민지에서 토착화된 특성이 강조될 때 사용한다. 식민지 인도와 조선에서는 영국식 혹은 일본식 위생의료체제의 영향을 받았고, 반식민지半殖民地 중국에서는 일본·영국·프랑스·미국·독일·러시아 등 서구 열강의 위생의료체제가 이식되었다. 쑨원은 이들 열강에 의한 중국의 분할 상황을 차식민지次殖民地라는 말로 표현하기도 했다.[60]

제국주의 위생의료체제는 직접적으로는 식민당국이 운영하는 위생의료체제를 의미하지만, 넓게는 선교의료와 록펠러재단 등의 의료활동도 포함한다. 식민당국의 위생의료체제가 일차적으로 식민지배의 편의를 도모하는 것이었다면, 선교의료와 록펠러재단 등의 의료활동은 선교와 박애주의적 활동이 우선적 목표였다. 따라서 식민당국의 위생의료체제와 달리 후자의 활동이 제국주의 팽창에 직간접적으로 어떤 영향을 미쳤는지는 논쟁의 여지가 있다.

일제는 제국주의 위생의료체제를 건립하는 데 있어 서양의학 일원화를 통해 침략과 지배를 정당화하고자 하였다. 제국주의 위생의료체제는 우선적으로 식민지배의 편의성을 제공해야 했는데, 이를 위해 일본인 의사들이 식민정부의 의료기관을 장악하고, 지방 위생행정 사무는 위생경찰이 담당할 필요가 있었다. 이를 위해 경무고문부警務顧問部가 설립되었는데, 전국 13개도에 경무고문지부를, 26개 분견소와 120개 분파소 등을 설치하였다. 1906년 지방 위생사무를 위해 경무고문의를 파견하였으며, 동인회同仁會라는 민간 의료단체가 이에 호응하였다. 경무고문의는 위생경찰의 전신으로서 점차 위생경찰제도가 정비되었다. 경무고문의의 주요업무는 일본인 치료 및 위생업무였다. 1907년 '경무고문의'에서 '경찰의'로 명칭이 변경되었고, 조선인에 대한 치료도 시작되었다. 조선인의 반일감정과 강제적인 위생조치로 인한 조선인들의 반발을 무마시키기 위해 통감부는 조선인을 친절히 대하고, 경찰 직원과 같이 대우하라는 훈령을 공포하기도 했다.

1905년 을사조약 체결 이후 일제는 한의사들이 운영하던 광제원에 일본인 의사들을 배치하기 시작했다. 그들 일본인 의사들은 광제원 소속 한의사들을 면직시키고자 하였으나 내부에서 한의사 면직처분을 거부했다. 결국 일본인 의사들은 광제원 한의사들에게 시험을 실시하고, 시험성적을 빌미로 그들을 면직시켰다. 이러한 조치들은 동서병존을 지향한 대한제국의 구상과는 배치되는 것이었다. 1907년에는 광제원이 개편되고, 내부 소속 대한의원大韓醫院이 건립되었다. 대한의원은 일본인 관리와 거류민을 위한 의료시설로서 외면적으로는 조선의 후진성을 인식시키고 조선인을 회유하기 위한 시설이기도 했다. 대한의원은 이토 히로부미(伊藤博文, 1841~1909)의 지시, 이완용李完用(1858~1926)의 찬동, 육군 군의총감 사토 스스무(佐藤進, 1845~1921)의 책임하에 만들어진 것이며, 대한의원이라는 명칭 역시 이토 자신이 명명한 것이었다. 최근 서울대병원은 대한의원 100주년 기념사업을 하면서 대한의원이 '중앙집중적 국가의료체계의 정점'이라는 역사적 의미를 부여한 바 있다.[61] 서울대병원이 일본 제국주의의 상징인 대한의원을 기넘하는 것도 상식적으로 이해할 수 없거니와 국가의료 운운은 대한의원의 본질을 호도하는 황당한 주장이다. 대한의원은 제국주의 위생의료체제의 대표적인 사례일 뿐이다.

통감부시기 1907년과 1909년의 콜레라 발생은 경찰과 군대가 중심이 된 군사적 방역활동이 정착되어가는 시기였다면, 총독부가 들어선 이후로는 페스트 방역을 계기로 무단적인 군사적 방역활동이 강화된 시기였다. 특히 1915년 6월 '전염병예방령'을 반포하였는데, 대한제국시기와는 달리 지방장관의 역할은 보조적인 위치로 전락하고, 경무부장이 결정권을 장악하고 위생경찰이 중심적 역할을 수행하게 되었다.

이밖에 일제는 조선 및 중국 등지에서 방역을 빌미로 식민지배를 강화하거나 점령행정의 주도권을 장악하고자 하였다. 그 점에서는 구미 제국주의도 일제와 다를 바 없었다. 제국주의 사이에서 경쟁이 치열해짐에 따라 위생의료분야에서 일제는 강온의 두 가지 정책을 폈다. 온건책은 국가가 전면에 나서지 않고 민간의료 단체의 활동을 지원하는 것이었고, 강경책은 비밀리에 세균전의 실행을 준비하는 것이었다. 전자는 동인회의 활동으로 나타났고, 후자는 731부대의 창설로 이어졌다.

동인회는 "청한淸韓 기타 아시아 제국에 의학 및 그에 수반하는 기술을 보급하고, 피아인민의 건강을 보호하고 병고病苦를 구제함에 있다"라는 건립목표를 표방했다. 동인회는 1902년 6월 도쿄에서 건립되었고, 1946년 2월 연합군에 의해 강제해산되었다. 동인회에는 정계·학계·군부의 실세들이 참여하였는데, 두 차례 내각 수상을 지내고 동인회 회장을 역임한 오오쿠마 시게노부(大隈重信, 1838~1922)는 동인회의 목표가 "인도주의를 발양함과 동시에 중국에 대한 정치상 외교상 경제상 이익을 도모하기 위한 것"이라고 고백한 바 있다.

조선에서는 동인회 부회장이었던 사토오 스스무(佐藤進)가 육군 군의통감으로 활동하였고, 대구·평양·용산 등지에 동인의원同仁醫院을 건립하였다. 1910년 조선병탄 이후 동인의원이 총독부에 이양되면서 동인회의 조선활동은 종결되었다.

1914년에는 일왕이 동인회 총재로 추대되었고, 1919년부터 공식적으로 국가의 지원을 받았다. 1902~1918년까지 동인회 기부금은 매년 36,000엔에 불과했는데, 국가가 재정을 지원한 1919~1941년까지 매년 예산규모는 최저 40만 엔, 최고 1,146만 엔에 이르렀다. 이러한 국가지원을 받기 위해 동인회는 군부 및 외무성에 협력했는데, 병원 건설 역시 군부가 대륙진출을 위한 교두보로 설정했던 중국 동북부의 안동(安東, 현 단동), 잉커우(營口) 지역 등에서 우선적으로 시작되었다.

중국 각지의 동인의원의 주요 진료실적과 평가를 살펴보면, 한커우(漢口)동인의원은 1904년 병원설립 이래 일본인만 진료했다. 1923년 이후로는 중국인에 대해서도 진료를 실시했는데, 동인의원이 중국인의 습격을 받기도 했다. 1914년 베이징일화동인의원(北京日華同仁醫院)이 정식 개원하였는데, 중일전쟁 (1937~1945)으로 일시 폐쇄될 때까지 946,000명에 이르는 환자를 진료하였고, 콜레라 접종 등 방역활동에도 힘써 중국인들의 환영을 받았다. 일제의 산둥(山東) 침공 결과, 1925년 4월 동인회는 독일이 운영하던 칭다오(靑島)와 지난(濟南)의 병원을 인수하였다. 지난동인의원의 진료실적은 1925년에서 1937년까지 일본인 진료가 중국인에 비해 두 배 이상을 차지하였다. 중일전쟁 이후로는 베이징, 한커우, 칭다오, 지난 등을 포함한 33개의 진료반과 방역반을 재편·신설하여 전시이동병원으로서 일제의 군사행동에 본격적으로 보조를 맞추었다.

1940년대 동인회는 자신들이 시작한 활동범위가 조선·만주·중국뿐만 아니라 방콕·싱가포르·목요도(호주 북부의 섬) 등 당시의 대동아공영권의 범위와 일치한다는 것을 자랑스럽게 밝힌 바 있다. 즉, 그들이 주장하던 '일시동인一視同仁'(만물을 하나로 보아 똑같이 사랑한다)의 실체가 일본이 주도하는 동아시아 패권주의였음을 확인시켰던 것이다.

이러한 동인회의 활동은 설립초기부터 한국과 중국을 중심으로 하는 동아시아 지배전략의 일환으로 점철된 것이었으며, 지도부의 구성이나 재정구조로 볼 때 민간의 순수의료라기 보다는 국가 주도의 통치전략에 부응하는 것이었다.

동인회가 표면적으로는 순수의료를 표방했던 것과는 대조적으로, 세균전이라는 비인도적 목표를 가진 군부대가 비밀리에 창설되었다. 이른바 731부대 혹은 이시이부대로 알려진 이 부대는 1933년 관동군 산하 방역급수부防疫給水部라는 이름으로 설치되었다. 731부대라는 명칭은 1941년 8월부터 공식적으로 사용되었다. 731부대는 하얼빈시 중심부에서 남쪽으로

20㎞ 떨어진 부근에 6㎢의 특별 군사지역에 위치했다.

731부대의 부대장은 이시이 시로(石井四郎, 1892~1959)로, 그는 교토대학 의학부 졸업 후 육군 군의를 거쳐 1940년 8월 부터 관동군 방역급수부장에 올랐다. 공금횡령으로 육군군의 소장에서 제1군 군의부장으로 좌천되기도 했으나 육군군의 중장으로 진급하면서 다시 731부대로 복직되었다.

731부대 본부는 총무부(마루타 관리 및 해부), 제1부(세균연구), 제2부(실전 연구), 제3부(세균배양기 및 도기폭탄 제조), 제4부(세균제조), 교육부, 자재부, 진료부 등으로 구성되었다. 그밖에 4개의 지부, 1개 실험장, 직속 항공부대를 운영했으며, 총 3,000여 명 규모(1개 여단 규모)였다.

이시이 시로는 패전 이후인 1945년 11월 연합군과 거래를 시작했는데, 연합군사령부에 생체실험 자료를 넘기는 것을 조건으로 731부대원 전원에 대한 전범기소를 면하였다. 이시이는 전후 도쿄대학 교수 및 학장 등을 역임했고, 대다수 의료진역시 대학교수로 활동한 바 있다. 731부대의 잔혹상은 미국의묵인으로 역사 속에 묻힐 위기였으나, 1949년 12월 소련 하바로프스크 군사재판 과정에서 731부대의 활동이 일부 밝혀짐에 따라 그 실상이 세상에 알려지게 된 것이다. 아직도 대부분의 자료는 공개되지 않은 채 몇몇 증언에 의해서 일부 사실만이 드러나고 있을 뿐이다.

731부대가 실행한 주요 실험으로는 페스트·이질·콜레라를이용한 자기폭탄 실험, 동상실험, 여성 및 영아를 대상으로 한 매독실험, 각종 세균 및 독극물 주사실험, 독가스 실험, 장기 적출실험, 건조실험, 아사실험 등이 있었다. 이들 생체실험 대상은 마루타로 불리었는데, 마루타는 통나무, 즉 실험재료라는 뜻이었다. 생체실험을 위해 중국인·조선인·러시아인·몽골인 등 평시 200~300명 규모로 유지되었으며, 매해 600여 명 이상 사망하였고, 총 희생자는 3,000여 명에 이른다고 한다.

마루타에게는 이름이 없고 단지 남녀구분과 번호로 칭해졌기 때문에 희생자가 누군지, 정확한 수치 등을 파악하기 어렵다. 단지 독립운동을 하다가 관동군 헌병대나 특무기관에 감금된 후 고문을 받던 중 731부대로 이송된 경우에는 일부 이름이 남아있다. 최근 언론에 보도된 심득룡沈得龍, 이청천李淸泉 등이 바로 그들이다.

731부대의 세균전은 실전에서 실행된 바 있는데, 역사상 노몬한Nomonhan사건으로 알려져 있다. 1939년 5월 만몽의 접경지대에서 할하강 유역의 노몬한에서 몽골과 일본의 국지전이 발생하였는데, 몽골과 상호방위협정에 있던 소련이 진군하게 되었다. 양국 모두 전쟁을 원하지 않았기 때문에 조기에 정전협정이 체결되었다. 이 전투는 일본의 패전이었음에도 불구하고, 731부대는 세균전 수행 성공으로 표창을 받기도 했다.

이처럼 식민통치의 확장과 전승을 위해 제국주의 위생의료는 식민지인에 대한 의료서비스를 제공하여 식민통치의 정당성을 선전하는 연성통치와 비인도적인 경성통치 수단으로 활용될 수 있음을 보여준다.

지역 위생의료체제

전통적으로 각 지방에서 지역엘리트에 의해 주도된 위생의료체제를 가리킨다. 지역엘리트는 주로 사대부나 신사紳士, 상인층으로 지역사회에서 사회·정치적 자원을 장악하면서 여론을 주도한 세력이라고 말할 수 있다. 동아시아 각국의 지역사회에서는 긴급한 재난이나 일상적인 사회불안이 발생하면, 지역엘리트들이 혼란을 수습하고 사회적 안정을 도모했다. 국가권력이 지역사회에 미치는 영향은 제한적일 수밖에 없었기 때문에, 이들 지역엘리트들은 국가의 역할을 보완하는 동시에 지역사회에서의 구제활동을 통해 자신들의 권위를 더욱 높이게 된다. 이들 지역엘리트들은 개별화된 존재로서 활동하는 것이 아니라 지역사회의 인맥을 동원하여 조직화되었는데, 농촌에서는 선당善堂, 도시에서는 회관會館과 공소公所라는 조직으로 구체화되었다.

물론 국가차원의 의료시설이 없었던 것은 아니다. 중국의 경우 중앙정부에는 태의원太醫院, 의학醫學, 혜민약국惠民藥局 등이 있고, 지방정부에도 그와 비슷한 의료조직과 시설이 존재했다. 우리나라는 동서대비원東西大悲院(고려), 혜민서惠民署(조선), 활인서活人署(조선) 등이 대표적인 대민의료기구였다. 빈민구제 시설로서 가장 오래된 것은 당 현종 개원 5년(717년)에 세워진 비전방悲田坊이 있다. 비전방은 당이 율령을 통해 국가차원의 의료구제를 명문화하고 불교적인 구휼사상에 기초하여 사원에 세운 것이었다. 승려가 책임자였으며 승의僧醫들 역시 많은 활동을 했다.

비전방은 9세기 이후 불교 탄압과 함께 사라지고, 이를 대신하여 송대에 등장한 양제원養濟院은 청말까지도 유지되었다. 양제원은 전국적인 규모를 갖춘 의료구제시설이었으나 빈민구제시설로서의 성격이 강해서 일반인들은 입원이나 내원을 꺼려하였고, 점차 형식화된 기구로 전락하였다. 일본에도 양제원과 비슷한 양생소養生所라는 정부시설이 있었다.

정부기구 이외에 개인차원의 의료구제 활동도 존재하였는데, 송대의 안락방安樂坊, 안제방安濟坊이 대표적이다. 안락방은 쑤스(蘇軾)가, 안제방은 차이징(蔡京)이 세운 것인데, 이들은 모두 중앙정부 관리이면서 사대부의 공公의 윤리를 실현하는 방안으로 이와 같은 의료구제 시설을 운영했다.

정부차원의 의료구제활동이 유명무실할수록 개인차원의 의료구제 활동은 중요성을 더하게 되었다. 특히 명대 지방정부의 의료기구가 유명무실해지면서 개인이 아닌 조직적이고 공공적이며 영속적인 의료구제 시설이 필요했다. 그리하여 동선창同善倉, 동선회同善會라는 조직이 형성되었는데, 이것이 청대 선당善堂의 기원이다.

현재 각국의 연구 성과에 따르면 선당이 자선기구라는 형식을 가졌다는 점에는 대체로 이견이 없지만, 그 실질적인 성격과 내용에 대해서는 약간씩 이해를 달리한다. 구미에서는 국가권력으로부터 자유로운 신사들의 공공영역으로서 주목하고 있다. 일본에서는 도시화와 지방자치의 선구로서 선당을 지목하고 있고, 최근에는 서리胥吏층의 수탈을 방지하기 위한 기관이었다는 연구도 등장하고 있다. 우리나라에서는 공전公田·공관公款 등과 더불어 향촌권력의 영향력을 상징하는 것으로 이해되고 있다. 이러한 지적들은 일면 타당성이 없지 않다. 그러나 선당이 일상적인 생로병사를 담당한 의료구제기관이었다는 점은 거의 주목받지 못하고 있다.

선당은 그 다양한 명칭(광인당廣仁堂, 선제당善濟堂, 동인당同仁堂, 동선당同善堂, 인제당仁濟堂, 제선당濟善堂, 적선당積善堂 등)에서 알 수 있듯이, 표면상 인仁· 선행(善)·구제(濟) 등이 강조되었다. 선당은 중국 전역에 걸쳐 형성되었고 특히 강남지역에서 발달하였다. 강남지역은 자영농 위주의 화북과 달리 소작농민이 많았고, 신흥지주층을 비롯한 신사층의 지역사회에서의 활동 역시 활발했다.

필자가 청대 강남 쑤저우부(蘇州府)의 지방지地方志를 조사한 바에 따르면, 전체 선당의 58%가 시관施棺·사체보관·매장 등 사체처리를 주로 담당하였고, 시약施藥·시의施醫·시미施米 등 의료구제를 하였다. 이러한 결과는 선당이 막연하게 자선기구 형식을 가졌다는 것과는 거리가 있는 것이다. 그렇다면 왜 이렇게 사체처리를 해야 하는 선당이 발달한 것일까? 이는 그 어느 것보다도 장례를 중시하는 중국문화와 관련되는 것이다. 만철조사부滿鐵調査部의 『중국농촌관행조사』에 따르면, 1940년대 화북의 자영농은 한 차례의 장례식만으로 전

재산의 절반 이상을 소모하였다. 강남의 소작농은 이보다도 훨씬 열악한 상황에서 장례를 치러야 했고, 이는 심각한 사회적 불안정을 야기할 수 있었다. 따라서 이를 방지하기 위해 지역사회가 나서서 사회적 안전망을 갖추어 나갔다고 볼 수 있다.

또한 선당의 양적·질적 변모과정 역시 선당을 이해하는 중요한 단서이다. 일부 연구들은 선당의 양적 변화가 청 중기 이후 사회질서의 문란과 함께 증가한다고 평가하고 있다. 이는 선당의 기능이 수탈방지와 자선활동에 있다는 것을 강조하는 것이다. 그러나 필자의 조사에 의하면 선당은 갑작스럽게 증가했다기보다는 청 중기의 안정적인 시기부터 점진적으로 증가했다. 이는 인구증가, 신사층의 역량확대와 함께, 전쟁 및 전염병의 지속적인 창궐로 인한 의료 및 구제활동의 필요성이 점진적으로 증가한 데 기인한 것으로 보인다.

청말에는 선당 역시 근대적으로 변모하는데, 자치운동의 전개에 따라 위생과 자선 등 선당업무를 자치공소自治公所가 담당한다. 자치공소의 업무는 위생·자선·교육·도로공사·농공상의 업무·공공업무·각항의 운영관련 업무·기타 재량업무 등 8개 항목에 이른다. 선당은 자치공소에 사무소 및 경비를 제공하였고, 자치공소는 선당의 위생과 자선업무를 접수하였다. 위생업무로는 도로청결·오물제거·시의시약·의원의학당醫院醫學堂·공원公園·계연회戒煙會 등의 업무가 있었고, 자선업무에는 구휼·보절保節·육영育嬰·시의·방죽放粥·구생救生·구황救荒·

83

구화救火·의관의총義棺義塚 등이 있었다.

흥미롭게도 장쑤성(江蘇省) 촨사현(川沙縣)에서는 선당이 거의 발달하지 않았다. 촨사현에는 부유한 자라도 매장하지 않고, 황무지나 사묘祠廟에 사체를 방치하는 풍습이 있었기 때문이다. 이는 선당의 발달이 사체처리와 긴밀한 관계를 갖고 있다는 것을 상징적으로 보여준다. 19세기 말 정부와 촨사현 신사들은 더 이상 이러한 풍습을 방치할 수 없게 되자, 선당을 설립하여 사체처리를 진행하기 시작하였다. 촨사현은 1896년 지원당至元堂 및 부설 의총을 설립하여 사체처리를 진행했다. 1897년부터는 4~5명의 서양의사(외과·내과·안과·소아과)를 초빙하여 진료활동을 시작하기도 했다.

이처럼 선당 등을 중심으로 한 지역 위생의료체제는 청말 지역사회에서 유력한 시스템으로 작동한다. 그런데 제국주의의 팽창에 따라 지역 위생의료체제는 제국주의 위생의료체제와 충돌을 일으키는데 그 대표적인 사건이 상하이 쓰밍공소(四明公所) 사건이었다.

선당이 그 지역사회에 뿌리를 두고 있다면, 도시에는 회관과 공소가 지역사회의 선당과 연계되어 이주민사회를 대표하였다. 원래 회관은 동향의 과거 응시자나 상공업자가 수도나 성도에 머물 때, 그들에게 각종 편의를 제공하는 시설이었다. 청 중기 이후 신사 및 상공업자들이 도시로 이동하면서 친목, 상호부조와 직업적 이익을 도모하기 위해 동향, 동업조직을 결성하였는데, 회관과 공소는 외국상인들의 중국진출과 맞물려 중국상인의 우세를 유지할 수 있는 조직적 기반으로 성장하게 되었다. 일반적으로 회관은 동향조직, 공소는 동업조직을 지칭하는 것이나 반드시 일치하는 것은 아니었다. 1890년대 이후로는 회관은 직업적 이익을 도모하였고, 공소는 자선사업조직으로 변모하였다.

쓰밍(四明)은 저장성 닝보부府를 지칭하는 명칭으로, 명말이래 닝보인들은 상하이로 대거 이주하였다. 닝보인들은 푸젠인, 광둥인보다 상하이 진출이 늦었으나 상하이의 최대 계파 중 하나를 형성하였다. 닝보인들은 사체보관 및 사체매장을 위해 1802년 쓰밍공소를 조직하였다. 쓰밍공소의 설립취지는 "동향인의 친목을 도모하고, 객지의 사체를 보관·처리한다"라고 하였다. 상하이 지역의 선당이 주로 불특정 다수를 대상으로 의료구제를 실시하였다면, 회관·공소에서는 동향관계를 중심으로 사체처리를 담당하였다. 특히 사체의 운반을 위해서 도시지역의 공소와 동향지역의 선당을 연결하는 '운관運棺 네트워크'가 형성되었다.

1849년 상하이에 프랑스 조계(法租界)가 성립되고, 뒤이어 분립되어 있던 영국, 미국 조계가 공공조계公共租界로 합병되었다. 이로써 상하이는 프랑스 조계, 공공조계와 중국인이 통치하는 화계華界로 분할되었다. 조계는 '국중지국國中之國'이라는 표현에서 알 수 있듯이 불평등조약을 통해서 개항장을 중심으로 외국의 각국 영사가 치외법권 등 독자적인 주권을 갖도록 한 지역을 말한다. 중국에서는 상하이를 비롯하여 톈진·

한커우·광저우(廣州)·샤먼(廈門) 등지에 설치되었고, 한국에서는 개항기에 부산·인천·군산·마산 등지에 설치된 바 있다.

쓰밍공소는 바로 프랑스 조계 내에 위치했는데, 쓰밍공소의 소유권과 점유권을 둘러싼 분쟁에도 불구하고 한동안 별다른 충돌은 없었다. 그러다가 1874년 1월 프랑스 조계당국인 공동국公董局(French Municipal Council)이 쓰밍공소의 공동묘지인 의총義冢을 가로지르는 도로건설안을 확정하자, 이에 당황한 쓰밍공소는 우회도로건설 및 시설비 제공안을 제안하였고 프랑스총영사는 쓰밍공소의 방안을 지지하면서 중재에 나섰다.

1874년 5월 3일, 1,000여 명의 군중이 운집한 가운데 중국인과 프랑스 군대 및 민병대 사이에 총성이 울리고 화염이 폭발하였다. 이로 인해 중국인 7명이 사망하고, 20여 명이 부상하였다. 사건은 중국 측이 외국인 재산피해를 보상하고, 중국인 사망자에 대해서는 공동국이 '자발적으로 보상'하는 것으로 갈무리되었다. 1878년 8월 프랑스총영사와 상하이 도대道臺 사이에 체결된 협정서에 의하면, 쓰밍공소의 재산권을 인정하지만, 건물·도로건설은 물론이고 묘지에 수목조차 심을 수 없다고 규정하였다. 프랑스 측은 쓰밍공소의 사체보관에 문제가 있다고 하면서 이때부터 위생을 문제 삼기 시작했다.

1885년 9월 프랑스는 중불전쟁에서 승리한 후 쓰밍공소에 2,100여 구의 사체가 보관되어 있다는 점에 문제를 제기하였다. 상하이 도대는 조사위원회를 조직하여 개선방향을 모색하기로 했지만 실질적 조치는 없었다. 1890년 상하이에서 콜레라가 유행하자 프랑스 공동국은 전염병의 온상으로 쓰밍공소를 지적하였다. 자체조사를 실시한 공동국 소속 의사의 조사보고서는 쓰밍공소에 1,000여 구의 사체가 보관되어 있으나 생석회를 사용하여 위생상 문제가 되지 않는다고 보고하였다. 제1차 사명공소 사건 시 대립했던 총영사와 공동국 이사회는 제2차 사명공소 사건에서는 일치된 목소리를 내기 시작했다. 1897년 공공조계 및 프랑스 조계는 조계 지역 내 중국인의 사체보관을 금지했고, 1898년 1월 프랑스 총영사는 6개월 이내에 사체보관시설의 철거를 명령하였다.

당시 공공조계와 프랑스 조계는 중국정부와 조계지역 확장안을 협의 중이었으나, 중국정부는 이를 거절했다. 1898년 5월, 프랑스 총영사는 쓰밍공소 측에 도로건설 및 중국인을 위한 병원·학교·도축장의 건설 때문에 쓰밍공소가 철거되어야한다는 입장을 전달하였다. 1898년 7월, 프랑스 수병과 쓰밍공소가 무력 충돌하였고, 닝보인과 경쟁관계에 있던 광둥인들도 이 시위에 참여하여 중국인 수십 명이 사망하거나 부상당했다.

제1·2차 쓰밍공소 사건의 결과, 프랑스 조계지역이 확대되고 쓰밍공소는 토지 소유권을 인정받게 되었다. 아울러 쓰밍공소 내부에 사체보관은 금지되고 도로개축은 허가되었다. 쓰밍공소 사건은 위생이 제국주의 열강의 식민지 개입과 식민공간의 확장의 계기가 될 수 있다는 것을 단적으로 보여주었다.

아울러 이 사건의 패자는 쓰밍공소도 프랑스 조계당국도 아닌, 사건의 중재자인 중국정부였다. 국가 위생의료체제가 구축되어 있지 않았기 때문에, 지역 위생의료체제와 제국주의 위생의료체제의 요구를 묵살할 수 없었던 것이다. 따라서 이 사건은 청조로 하여금 국가 위생의료체제가 건립되어야 할 필요성을 인식시키는 계기가 되기도 했다.

에필로그

이 책에서 필자는 동아시아 질병사를 동아시아인의 시각에서 접근해 보자는 것을 말하고자 하였다. 그렇다면 동아시아인의 시각에서 접근한다는 것은 무엇을 의미하는 것일까?

첫째는 일국사 중심에서 벗어나 공간적 시야를 좀 더 확대해 보자는 것이다. 비교사적 시각이 주는 장점은 분명하다. 일국사적인 편협성에서 벗어나 보편적인 인식과 균형적인 감각을 갖게 한다.

둘째는 서양 중심의 오리엔탈리즘적 시각에서 벗어나 동아시아인이 주체가 된 시각을 회복해 보자는 것이다. 근대화론적 시각에서 각종 전염병의 근원으로 아시아가 지목받고 있으며, 서양인의 방역대책은 우월하고 근대적이었으며, 동아시아인의 방역대책은 무능한 것으로 묘사된다. 그러나 대부분은 검증되지 않았고, 동서양의 방역대책을 극단적으로 대비시킨 면이 없지 않다. 19세기 후반 이래로 서양의 세균학이 획기적인 발전이 있었음에도 불구하고, 20세기 전반까지도 서양사회가 실질적인 전염병의 예방과 치료에서 탁월한 능력을 갖추었던 것은 아니었다. 제국주의론적 시각 역시 제국주의의 침략성을 폭로하는 것처럼 보이지만, 사실은 피억압국가인 동아시아는 언제나 수동적이며 무기력한 것으로 묘사된다. 따라서 동아시아가 독자적이면서 주체적인 세계를 형성했다는 시각은 서구 중심적 세계관 속에서 억압되어 있던 역사상을 복원해 줄 수 있다는 점에서 의미가 있다고 생각한다.

셋째는 질병 자체를 이해하는 것으로 끝내지 않고, 질병 특히 전염병에 대처하는 과정에서 근대적인 위생의료체제의 형성되었다는 점을 유기적으로 연결시키고자 하였다.

넷째는 국가 위생의료체제, 제국 위생의료체제, 지역 위생의료체제가 경쟁하고 타협하는 과정에서 각국의 위생의료체제가 성립하였다는 시각을 제시하고자 하였다. 이와 같은 설명방식은 근대적 위생의료체제가 전통에서 근대로 이행했다는 단선론적·이분법적 근대화론을 극복하고 다양한 각도에서 새로운 위생의료체제의 형성에 접근할 수 있는 시각을 제공할 것이다.

주

1) 전염병의 역사에 관한 상세한 개괄은 윌리엄 맥닐William H. McNeil의 『Plagues and Peoples』, Penguin, 1976 참고.

2) 윌리엄 맥닐, 김우영 옮김, 『전염병의 세계사』, 이산, 2005.

3) 기시모토 미오·미야지마 히로시, 김현영·문순실 옮김, 『조선과 중국, 근세 오백년을 가다』, 역사비평, 2003: pp.65-70, 137-138, 144-152.

4) 『만국공법』은 휘튼H. Wheaton의 저서를 마틴W.A.P. Martin이 한역한 것인데, 나폴레옹 전쟁 이후 유럽국가 사이의 법규범을 전 세계에 적용할 수 있다는 의미에서 만국공법으로 번역했다. 1876년 개항이후 조선에 소개되었다. 마틴은 번역과정에서 유교식으로 가필하였는데, 이로 인해 동아시아인들은 만국공법의 침략·강탈적 성격보다는 균세均勢, 국외(중립), 독립, 자주 등과 같은 낙관주의적 개념에 주목하게 되었다.

5) Bruce Cumings, 「Boundary Displacement: Area Studies and International Studies during and after the Cold War」, 『Bulletin of Concerned Asian Scholars』, Vol.29, No.1, 1997.

6) 浜下武志, 『近代中國の國際的契機:朝貢貿易システムと近代アジア』, 東京大學出版會, 1990, 제1장 「朝貢貿易 시스템과 근대 아시아」 참고.

7) 이러한 문제의식을 담은 최근 연구는 백영서 외, 『동아시아의 지역질서』, 창작과비평, 2005 참고.

8) H. N. Allen and J. W. Heron, 『First Annual Report of the Korean Government Hospital, Seoul』, R. Meiklejohn & Co., 1886.4.10. 『제중원 일차년도 보고서』의 원문과 번역본은 『延世醫史學』 제3권 제1호(통권9호), 1999. 3에 실려 있다.

9) 小池正直, 『鷄林醫事』, 발행지 및 출판사불명, 1887: pp.63-70.

10) 『朝鮮衛生事情要覽』, 朝鮮總督府, 1922: pp.60-61.

11) 1936년 베이핑시 정부의 사망원인 분류에 의하면 호흡기질환(15.5%)-폐결핵(14.1%)-노환 및 중풍(12.7%)-위장병(8.9%)의 순이었다. 北平特別市公署衛生局 編印, 『北平特別市公署衛生局二十五年度業務報告』, 北平市政府衛生局, 1938,

附表 14.

12) 『위생국연보』(1900)에 의하면, 일본인의 사망원인은 1891~
1900년까지 10년 동안 별다른 변화를 보이지 않는데, 이 기간
평균 사망원인은 소화기질환(22.07%)-신경계질환(20.52%)-호
흡기질환(19.25%)의 순이었다(衛生局, 『衛生局年報』, 衛生
局, 1900: pp.73-75). 그로부터 35년이 지난 내각통계국內閣
統計局의 『사인통계』(1935)에 의하면, 1935년 일본인의 사망
원인은 소화기질환(17.6%)-전염병(16.9%)-신경계질환(15.0%)-
호흡기질환(13.8%)의 순이었다. 內閣統計局, 『死因統計』,
內閣統計局, 1935, 附錄 2.

13) 2005년 9월 통계청의 보고에 의하면, 2004년 한국인의 주요
사망원인은 암(26.3%)-뇌혈관질환(13.9%)-심장질환(7.3%)-자
살(4.7%)-당뇨병(4.7%) 순이다. 암 중에서는 폐암(27.5%)-위
암(23.2%)-간암(22.6%)이 대부분을 차지하는데, 남성은 폐암
(40.6)-간암(34.0%)-위암(30.1%) 순이고, 여성은 위암(16.3%)-
폐암(14.3%)-간암(11.1%)-대장암(10.9%) 순이었다. 최근 한·
중·일 동아시아 삼국의 주요 사망원인은 공통적으로 암-뇌
혈관질환-심장질환의 순이며, 미국인의 주요 사망원인은 심
장질환-암-뇌혈관질환의 순이다.

14) 任明宰, 「朝鮮人과 消化器病」, 『新東亞』 5-4, 1935: pp.124-126.

15) 朱慕濂, 「中國船醫之狀況」, 『民國醫學雜志』 第2卷, 1924: pp.4-9.

16) Majid Ezzati, S. Jane Henley, Alan D. Lopez, Michael J. Thun,
「Role of Smoking in Global and Regional Cancer Epidemiology:
Current Patterns and Data Needs」, 『International Journal of
Cancer』, 116(6), 2005: pp.968-969.

17) 이하 신규환·서홍관, '조선후기 흡연인구의 확대과정과 흡연
문화의 형성', 『醫史學』 10-1, 2001.6을 참고하여 작성.

18) 文一平, 「담배考」, 『湖岩全集』 卷2, 朝鮮日報社出版部, 1939.

19) 오종록, 「담뱃대의 길이는 신분에 비례한다」, 『조선사람들은
어떻게 살았을까 1』, 한국역사연구회, 청년, 1991.

20) 신규환·서홍관, 같은 글.

21) 오늘날 한국에서는 2005년 3월 기준 총 57종의 전염병을 법
정전염병으로 규정하고 있고, 그 특성에 따라 제1군(발생 즉
시 환자격리 필요), 제2군(예방접종대상), 제3군(모니터링 및

예방홍보대상), 제4군(긴급방역 대책수립), 지정(유행여부조사) 등으로 나누고 있다. 이중 근대국가 초기에 법정전염병에 속하지 않았던 성병, 결핵, 한센병과 같은 만성전염병(비법정전염병) 역시 오늘날에는 제3군 법정전염병에 속한다.

22) 난징국민정부와 베이핑시 정부의 전염병통제에 대해서는 신규환, 「1930년대 北平市政府의 전염병대책과 위생행정」, 『歷史學報』 190, (2006.6)을 참고.

23) 朝鮮總督府警務局, 『昭和十四年 朝鮮防疫統計』, 朝鮮總督府, 1941.

24) 임반석, 「17-18세기 동북아시아 국제교역과 조선상인의 역할: 조선사상의 중·왜 중개무역을 중심으로」, 『한국동북아논총』 32, 2004: p.247

25) 酒井シヅ, 『病が語る日本史』, 講談社, 2002: p.157.

26) Jefferys, W. Hamilton and James L. Maxwell, 『The Diseases of China: Including Formosa and Korea』, Bale & Danielsson, 1910; Shanghai, 2nd edition, 1929: p.25.

27) H. N. Allen and J. W. Heron, 『First Annual Report of the Korean Government Hospital, Seoul』, 1886.4.10: p.16.

28) 朝鮮總督府警務局, 『昭和十四年 朝鮮防疫統計』, 朝鮮總督府警務局, 1941: pp.114-119.

29) J. D. Vanbuskirk, 「Public Health Problem in Korea, as shown by a Study of Child Mortality」, 『The China Medical Journal』 vol.35, 1927: p.245.

30) S. Ryan Johansson and Carl Mosk, 「Exposure, Resistance and Life Expectancy: Disease and Death during the Economic Development of Japan, 1900-1960」, 『Population Studies』 41, 1987: p.220.

31) William G. Lennox, 「Chinese Vital Statistics」, 『The China Medical Journal』 vol.33, 1919: pp.338-339.

32) 난징국민정부(1928~1937) 성립 후 난징이 수도가 되면서 1928년 6월 베이핑으로 개칭된 베이징은 1949년 10월 10일 중화인민공화국 성립 전까지 수도의 지위를 회복하지 못했다.

33) 尾河順太郎, 「北支に於ける傳染性疾患」, 『同仁會醫學雜誌』 13-6, 1939.6, p.18.

34) 須田圭三, 『飛騨O寺院過去帳の研究』, 国府町(岐阜県): 生仁會須田病院, 1973.

35) Ann Bowman Jannetta, 『Epidemics and Mortality in Early Modern Japan』, Princeton University Press, 1987: pp.91-92.

36) 인두법과 우두법의 효과와 차이에 대해서는 신동원, 『호열자, 조선을 습격하다』, 역사비평, 2004: pp.329-337 참조.

37) Kerrie L. Macpherson, 「Cholera in China, 1820-1930: An Aspect of the Internationalization of Infectious Disease」, Mark Elvin and Liu Ts'ui-jung eds., 『Sediments of Time: Environment and Society in Chinese History』, Cambridge University Press, 1998.

38) 富士川游, 『日本疾病史』, 平凡社, 1969: pp.213-234.

39) 荒野泰典, 「콜레라가 전해진 길: 중국·조선 루트의 검증」, 『島嶼文化』 20, 2002.

40) 신동원, 위의 책, p.22.

41) 박형우, 『제중원』, 몸과마음, 2002: pp.255-256.

42) 厚生省醫務局 編, 『醫制百年史』(資料編), 株式會社 ぎょうせい, 1976: pp.545-547.

43) 三木榮, 『朝鮮醫學史及朝鮮疾病史』, 堺市: 自家出版, 1962: pp.66-68.

44) 정근식, 「동아시아 한센병사 연구를 위하여」, 『보건과 사회과학』 12, 2002. 12: p.26.

45) Herbert D. Lamson, 『Social Pathology in China: A Source Book for the Study of Problems of Livelihood, Health, and the Family』, The Commercial Press, Limited., 1935: p.307.

46) 金東益, 「朝鮮人과 肺結核」, 『新東亞』 5-4, 1935. 4: pp.127-129.

47) '2005년도 에이즈감염인 발견현황'(2006.2.13) 질병관리본부 보도자료.

48) http://www.amfar.org/cgi-bin/iowa/asia/aids/index.html

49) Wu Lien-teh, 『Manchurian Plague Prevention Service Reports, 1925~1926』(Being Volume Ⅴ of the Series), Tientsin: Tientsin Press, Limited., 1926: p.234.

50) 「Report on the Control and Treatment of Venereal Disease in

Shanghai」, 『The China Medical Journal』 38-1, Supplement, 1924. 1: pp.19-21.

51) 山田弘倫·平馬左橋 共編, 『朝鮮ニ於ケル花柳病ノ統計的 觀察』, 發行地不明, 1921.

52) 콘스의 또 다른 미분류된 남녀하인의 매독검사에서 남성은 12%, 여성은 5.7%의 발병률을 차지했다. 1920년 콘스의 조사대상인 여자 하인은 100% 기혼녀였으나 이 조사에서 기혼녀의 비율은 불분명하다. John H. Korns, 「Further Statistics on Communicable Diseases among Domestic Servants」, 『The China Medical Journal』 35-4, 1921. 7: p.383.

53) John H. Korns, 「Examination of Domestic Servants for Communicable Diseases」, 『The China Medical Journal』 34-6, 1920. 11: p.627.

54) 俞吉濬, 『西遊見聞』 第11編 養生規則, 1890: p.300.

55) 통계조사원에 대해서는 신규환, 「陰陽生에서 統計調查員으로: 1930年代 北平市政府의 衛生行政과 近代的 死亡統制」, 『中國近現代史研究』 29 (2006.3) 참고.

56) 신규환, 「助産士의 制度化와 近代的 生育管理: 1930年代 北平市政府의 衛生行政과 出生統制」, 『中國史研究』 42, 2006.6.

57) 베이핑시 정부의 전염병통제에 대해서는 신규환, 「1930년대 北平市政府의 전염병대책과 위생행정」 (2006.6) 참고.

58) 三木榮, 『朝鮮醫書誌』, 學術圖書刊行會, 1973: pp.116-124, 233-239.

59) 박윤재, 「한말·일제초 방역법규의 반포와 방역체계의 형성」, 『일제의 식민지배와 일상생활』, 혜안, 2004: p.540.

60) 쑨원은 1924년 2월 3일 광저우 '三民主義' 연설에서, 반식민지半殖民地는 자기 안위적인 표현이라고 비판하고, 서양각국에 의해 지배받고 있는 중국의 상황이 식민지 조선이나 식민지 베트남과 같은 완전식민지보다도 더 열악하다는 것을 차식민지라는 용어로 표현하였다. 孫文, 「三民主義」, 『孫中山選集』, 人民出版社, 1981: pp.634-635.

61) '대한의원 99주년 심포지엄'(대한의원100주년·제중원 122주년 기념사업추진단, 서울대학교병원, 2006.3.15): p.49.

질병의 사회사 동아시아 의학의 재발견

펴낸날	초판 1쇄 2006년 9월 30일
	초판 3쇄 2017년 1월 31일

지은이	신규환
펴낸이	심만수
펴낸곳	(주)살림출판사
출판등록	1989년 11월 1일 제9-210호

주소	경기도 파주시 광인사길 30
전화	031-955-1350 팩스 031-624-1356
홈페이지	http://www.sallimbooks.com
이메일	book@sallimbooks.com

ISBN	978-89-522-0562-9 04080
	978-89-522-0096-9 04080(세트)

※ 값은 뒤표지에 있습니다.
※ 잘못 만들어진 책은 구입하신 서점에서 바꾸어 드립니다.

376 좋은 문장 나쁜 문장   eBook

송준호(우석대 문예창작학과 교수)

어떻게 좋은 문장을 쓸 수 있을 것인가? 우선 좋은 문장이 무엇이고 그렇지 못한 문장은 무엇인지 알아야 할 것이다. 대학에서 글쓰기 강의를 오랫동안 해 온 저자가 수업을 통해 얻은 풍부한 사례를 바탕으로 문장교육을 제대로 받지 못한 독자들에게 좋은 문장으로 가는 길을 제시하고 있다.

051 알베르 카뮈   eBook

유기환(한국외대 불어과 교수)

알제리에서 태어난 프랑스인, 파리의 이방인 알베르 카뮈에 대한 충실한 입문서. 프랑스 지성계에 혜성처럼 등장한 카뮈의 목소리는 늘 찬사와 소외를 동시에 불러왔다. 그 찬사와 소외의 이유, 그리고 카뮈의 문학, 사상, 인생의 이해와, 아울러 실존주의, 마르크스주의 등 20세기를 장식한 거대담론의 이해를 돕는 책.

052 프란츠 카프카   eBook

편영수(전주대 독문과 교수)

난해한 글쓰기와 상상력으로 문학사에 커다란 발자취를 남긴 카프카에 관한 평전. 잠언에서 중편 소설 「변신」 그리고 장편 소설 『실종자』와 『소송』 그리고 『성』에 이르기까지 카프카의 거의 모든 작품에 대한 해석을 담고 있다. 또한 이 책은 카프카의 잠언과 노자의 핵심어인 도(道)의 연관성을 추적하는 등 새로운 관점도 보여 준다.

271 김수영, 혹은 시적 양심   eBook

이은정(한신대 교양학부 교수)

힘과 새로움으로 가득 차 있는 김수영의 시 세계. 그 힘과 새로움의 근원을 알아보고 지금까지와는 다른 새로운 독법으로 그의 시 세계를 살펴본다. 그와 그의 시에 대해 깊은 애정을 가진 저자는 김수영의 이해를 위한 충실한 안내자 역할을 자처한다. 김수영의 시 세계를 향해 한 발 더 들어가 보고자 하는 독자들에게 유익한 책이다.

369 도스토예프스키 eBook

박영은(한양대학교 HK 연구교수)

『카라마조프가의 형제들』과 『죄와 벌』로 유명한 러시아의 대문호 도스토예프스키. 그의 작품에 등장하는 생생한 인물들은 모두 그의 힘들었던 삶의 경험과 맞닿아 있다. 한 편의 소설 같은 삶을 살았으며, 삶이 곧 소설이었던 작가 도스토예프스키의 생의 한가운데 서서 그 질곡과 영광의 순간이 작품에 어떻게 드러나는지를 살펴본다.

245 사르트르 참여문학론 eBook

변광배(한국외대 불어과 강사)

사르트르의 『문학이란 무엇인가』에서 전개된 참여문학론을 소개하면서 억압받는 자들을 위한다는 기치를 높이 들었던 참여문학론의 의미를 성찰한다. 참여문학론의 핵심을 이루는 타자를 위한 문학은 자기 구원의 메커니즘에 문제가 생겼을 때 이 문제를 해결하고, 그 메커니즘을 보충하는 이차적이고도 보조적인 문학론이라고 말한다.

338 번역이란 무엇인가 eBook

이향(통역사)

번역에 대한 관심이 날로 늘어 가고 있다. 추상적이거나 어렵게 느껴지는 번역 이론서들, 그리고 쉽게 읽히지만 번역의 전체 그림을 바라보기에는 부족하게 느껴지는 후일담들 사이에 다리를 놓는 이 책은 번역의 이론과 실제를 동시에 접하여 번역의 큰 그림을 그리고자 하는 독자들에게 안성맞춤이다.

446 갈매나무의 시인, 백석 eBook

이숭원(서울여대 국문과 교수)

남북분단 이후 북에 남았지만, 그를 기리는 많은 이들의 노력으로 백석은 현재 우리나라에서 가장 주목받는 시인 중 한 사람이다. 이 책은 시인을 이해하는 많은 방법 중 '작품'을 통해 다가가기를 선택한 결과물이다. 음식 냄새 가득한 큰집의 정경에서부터 '흰 바람벽'이 오가던 낯선 땅 어느 골방에 이르기까지, 굳이 시인의 이력을 들춰보지 않더라도 그의 발자취가 충분히 또렷하다.

053 버지니아 울프 살아남은 여성 예술가의 초상 [eBook]

김희정(서울시립대 강의전담교수)

자신만의 독창적인 글쓰기 방식을 남기고 여성작가로 살아남는다는 것이 어떤 의미를 갖는지를 보여 준 버지니아 울프와 그녀의 작품세계에 관한 평전. 작가의 생애와 작품이 어우러지는 지점들을 추적하는 방식으로, 모더니즘 기법으로 치장된 울프의 언어 저변에 숨겨진 '여자이기에' 쉽게 동감할 수 있는 메시지들을 해명한다.

018 추리소설의 세계

정규웅(전 중앙일보 문화부장)

추리소설의 역사는 오이디푸스 이야기까지 거슬러 올라간다. 저자는 고전적 정통 기법에서부터 탐정의 시대를 지나 현대에 이르기까지 추리소설의 역사와 계보를 많은 사례를 들어 재미있게 설명하고 있다. 추리소설의 'A에서 Z까지', 누구나 그 추리의 세계로 쉽게 빠져들게 하는 책이다.

199 디지털 게임 스토리텔링 [eBook]

한혜원(이화여대 디지털미디어학부 교수)

디지털 시대의 새로운 이야기 양식을 소개한 책. 디지털 패러다임의 중심부에 게임이 있다. 이 책은 디지털 게임의 메커니즘을 이야기 진화의 한 단계로서 설명한다. 게임의 역사에 있어서 중요한 패러다임의 변화, 게임이라는 새로운 지평에서 펼쳐지는 새로운 이야기 양식에 대한 분석 등이 흥미롭게 소개된다.

326 SF의 법칙

고장원(CJ미디어 콘텐츠개발국 국장)

과학의 시대다. 소설은 물론이거니와 영화, 애니메이션, 만화, 게임 등 온갖 형태의 콘텐츠가 SF 장르에 손대고 있다. 하지만 SF 콘텐츠가 각광을 받고 있는 것에 비해 이 장르에 대한 깊이 있는 이해를 도울 만한 마땅한 가이드북이 존재하지 않는다. 이 책은 이러한 아쉬움을 채워주기 위한 작은 출발점이 될 것이다.

eBook 표시가 되어있는 도서는 전자책으로 구매가 가능합니다.

㈜살림출판사

www.sallimbooks.com

주소 경기도 파주시 문발동 522-1 | 전화 031-955-1350 | 팩스 031-955-1355